W0364605

La France dans le monde qui vient

Collection *Monde en cours*
série *L'urgence de comprendre*

www.editionsdelaube.com

ISBN 978-2-8159-0876-4

Jean Viard

La France dans le monde qui vient

La grande métamorphose

suivi de

Chroniques sociologiques

éditions de l'aube

Du même auteur :

La Campagne inventée (avec Michel Marié), Actes Sud, 1977

La Dérive des territoires, Actes Sud, 1981

Penser les vacances, Actes Sud, 1984

Le Tiers-Espace, ou la nature entre ville et campagne, Méridiens Klincksieck, 1990

La Société d'archipel, l'Aube, 1994

Marseille, une ville impossible, Payot, 1995

Au bonheur des campagnes (avec Bertrand Hervieu), l'Aube, 1996

La France qui change : pourquoi les travailleurs votent FN, Seuil, 1997

Court traité sur les vacances, les voyages et l'hospitalité des lieux, l'Aube, 2000

L'Archipel paysan, la fin de la république agricole (avec Bertrand Hervieu), l'Aube, 2001

Le Sacre du temps libre, la société des 35 heures, l'Aube, 2002

Main basse sur la Provence (avec Daniel van Eeuwen), l'Aube, 2004

Le Nouvel Âge du politique, l'Aube, 2004

Éloge de la mobilité. Essai sur le capital temps libre et la valeur travail (avec Ugo Rollin), l'Aube, 2006

Le Président a promis : une France qui change ! (dir.), Seuil, 2007

Lettre aux paysans (et aux autres) sur un monde durable, l'Aube, 2008

Fragments d'identité française, l'Aube, 2010

Nouveau Portrait de la France. La société des modes de vie, l'Aube, 2012

À la mémoire de mes amis
Laurette Jullian,
Xavier Gizard,
Daniel van Eeuwen,
emportés récemment par le cancer.

« La lucidité est la blessure
la plus rapprochée du soleil. »
René Char, *Feuillets d'Hypnos*,
Gallimard, 1946.

Introduction

Nous vivons simultanément plusieurs métamorphoses radicales dont nous ne savons pas, pour l'instant, penser les différents cycles ni allier les forces et les dangers.

D'abord, d'évidence, nous vivons une crise économico-financière largement induite par l'impossible régulation du développement puissant et rapide des pays émergents dans une économie-monde que l'Europe dominait avec les Américains. La capacité productive des anciens pays dominés concurrence celle des anciens pays dominants, diminuant les écarts de richesse entre continents, mais l'augmentant à l'intérieur de chaque société.

La force du désir de promotion sociale, en Chine comme au Viêtnam, en Inde, en Amérique latine et dans certains pays d'Afrique..., est immense. Leur capacité à subir – comme nous avons subi en Europe au moment de la révolution industrielle ou pendant la reconstruction de l'après-guerre – est considérable et donne des résultats foudroyants. La Chine a retrouvé en 2012 la place économique qu'elle occupait en 1820 dans le PIB-monde, mais évidemment dans un PIB sans rapport en valeur. Et les tensions entre travailleurs des différents pays et civilisations, du fait de ces concurrences, sont maintenant des armes politiques dangereuses, utilisées partout, y compris en France, pour asseoir des pouvoirs et des places.

Dans le même temps, la réussite exceptionnelle du modèle social européen, en partie imité ailleurs, là où cela a été possible, a permis d'allonger – en masse – la vie *d'une génération* au XXe siècle. Des sociétés traditionnellement formées de trois générations en comptent aujourd'hui quatre, ce qui bouleverse les transmissions culturelles, les héritages et les équilibres économiques. Nous nous sommes chargés en personnes improductives au moment même où les autres civilisations et continents entraient dans la course au développement. *La civilisation des vies complètes* que nous avons construite dans les pays développés renforce évidemment le désir des autres de nous ressembler. Elle est portée chez nous pour l'instant par une productivité du travail encore sans égale.

Cette civilisation renforce les liens privés, tribalo-familiaux, au détriment des liens productifs ou sociaux, au moment même où cette « génération rajoutée » entre en concurrence de revenus avec sa propre jeunesse. Nous avons compensé depuis un quart de siècle par un endettement considérable les écarts de création de richesses entre l'ancien monde et le nouveau, très largement pour financer la sécurité et l'éducation d'une jeunesse qui peine à trouver des places productives et un sens à ces évolutions. Les deux étant inséparables. Notre endettement n'est pas que financier. Nous avons vécu aussi sans nouvelles idées.

Le temps est venu non seulement de payer la part irresponsable de nos dettes, mais aussi de produire du sens et de reconstruire des modalités de régulation et d'action. Notre chance ici, en France et en Europe, est l'émergence d'un nouveau modèle, tribalo-familial, qui a refondé les liens entre générations et individus. Nous sommes dans une société du « bonheur privé et du malheur public », nous y reviendrons. Cette société de l'affection nous protège et nous rend très majoritairement heureux, mais cela ne suffit pas à vivre de manière créative les changements d'enjeux du monde et de l'Humanité.

Ainsi, à l'unité des désirs des hommes du monde qui les met dans une concurrence parfois sauvage répond une atomisation des constructions sociétales, sociales et nationales. Les classes comme les identités nationales deviennent des appartenances faibles pour des individus liés – fortement liés – par des affections et des engagements privés. La forme même de la cité, de la citoyenneté et du politique en est bouleversée. Avec le danger extrême de manipulations par des forces politiques multiples, d'appartenances nationales ou sociales (et à défaut religieuses), dominantes hier.

Cette économie-monde, comme aurait dit Fernand Braudel, écartelée entre ces deux évolutions contradictoires, a heureusement rencontré la révolution informatique. Cette nouvelle révolution, après l'imprimerie, la roue, le train et la pénicilline, est venue rapprocher possiblement des hommes désirants et écartelés. La moitié des humains sera en 2014 liée par un téléphone portable connecté par internet aux plus grandes banques de données et de savoir du monde.

Les réseaux sociaux sont en train de tisser une nouvelle toile au monde. Chacun parle à tous et tous parlent à chacun. Il faut voir cela au-delà des inégalités de connexion et d'accès, au-delà des dimensions négatives et dangereuses. Il faut voir la puissance jamais connue de cette humanité co-pensante partout, immédiatement et en continu. L'économie même est en cours de bouleversement avec l'*e*-conomie.

Nous voici devant une force inconnue, inouïe, horizontale, qui contourne – ou du moins tente de le faire – les formes verticales des pouvoirs et des savoirs. Cela favorise les bricolages de croyances et de savoirs, des créativités surprenantes ou insoupçonnées, des partages d'émotions et de cultures. Il n'y a potentiellement plus de centre et de périphérie, de bons et de mauvais lieux : partout il peut y avoir « le monde ». Vous pensez sans doute que ce n'est pas vrai. Et vous avez largement raison. Pas encore, jamais partout. Mais même dans un régime autoritaire comme la Chine, le monde s'est ouvert. Comme nous le demandent nos collègues chinois : « Si tu dois choisir entre ton droit de vote, ta connexion internet et ton passeport, tu sacrifies quoi en premier ? »

Cette révolution informatique est notre outil possible de survie à neuf milliards sur une terre unique, soumise au réchauffement climatique peu ou prou produit par la révolution industrielle et ses conséquences. La révolution informatique et ces vies longues d'individus de plus en plus formés peuvent générer une nouvelle puissance, de nouvelles capacités à inventer, créer, débattre, apprendre, éduquer, produire. Ce nouvel outil peut favoriser l'invention de nouvelles coopérations, frugales, économes, fraternelles. Mais seulement si cet outil nous sert, par là même, à vivifier nos appartenances et notre méditation sur le sens de la vie et du monde, et s'il nous permet d'inventer de nouvelles formes politiques, un nouvel art du faire politique, l'*e*-politique peut-être.

Ce texte est un propos de chercheur, d'universitaire, mais c'est aussi un livre de citoyen. Car les reculs français, le pessimisme ambiant, la défiance généralisée, dans un pays qui est toujours la cinquième puissance économique du monde, créent une situation qui alimente les replis politiques, la peur des innovations, et favorise les conservatismes et les extrémismes. Il y a *une urgence de comprendre* réelle, puissante, nécessaire. Plus encore qu'en 1995 quand nous avions créé sous ce titre, à Châteauvallon près de Toulon, un séminaire pour penser, avec des intellectuels et des politiques, la prise de quatre mairies par le Front national.

Nul n'est exempt de responsabilité dans la situation présente mais nul n'en porte l'entière responsabilité. Ni les politiques, ni les médias, ni les entrepreneurs..., ni les intellectuels. Le monde change à une vitesse que nous n'avions jamais connue et la pensée court pour ainsi dire après le réel. La responsabilité des intellectuels dans l'impensé des bouleversements qui accompagnent l'effondrement du système-monde précédent est considérable. Car c'est justement leur travail et leur engagement qui sont à la base des recompositions sociales et politiques possibles.

Avec Pierre Leroux qui inventa le mot au XIXe siècle, le socialisme avait su mettre le social au centre, est fort démuni devant cette société collaborative, mondiale, tribalo-familiale. D'avoir fusionné social et économie avait déjà mené au totalitarisme. De perdre le rôle central du "social" mène à des gestions sans récit, du divertissement sans création, de l'humanisme sans aventure, du partage sans fraternité. Et pourtant, comme toujours, seul le renouveau de la pensée peut permettre aux sociétés des hommes de ne pas céder aux pouvoirs des plus forts, des plus fous ou des plus riches. Mais que faut-il mettre au centre après le social ? Et comment l'apercevoir quand la gestion du réel étouffe le désir d'agir et de penser, ici, en Europe et en France, où ce chemin fut pourtant posé dès le XVIIIe siècle avec les Lumières ?

Nous sommes dans un passage, pas dans un effondrement. La richesse croissante des autres ne nous appauvrit pas. Le probable recul de la place de la France de la cinquième à la dixième place en matière de PIB est une bonne nouvelle… pour le monde. Mais il faut savoir l'expliquer. Et d'abord savoir dire que le PIB n'est pas l'objectif d'une société mais un moyen pour développer un art de vivre qui peut aussi croître à PIB stable par un développement de la société collaborative. En outre, la question-clé de demain pour la fierté nationale est celle de la capacité d'une communauté comme la France à être un acteur mondial dans certains domaines, et un acteur de la démocratie européenne comme communauté historique et culturelle, protection et puissance-monde, tout en restant un acteur national de cohésion et de mémoire. Difficile équilibre de trois échelles bien différentes. Dans le temps du monde qui s'ouvre, nos héritages vont être relus et réorganisés par la révolution informatique, mais autour de nos valeurs et de nos savoir-faire historiques. Là est la métamorphose que le politique doit expliquer et favoriser, même s'il doit en être transformé.

Dans un monde unifié, chacun doit être lui-même, c'est-à-dire partiel. Or la France a deux pôles de puissance mondiale, l'héritage de sa grandeur culturelle passée reprise dans le luxe, la communication et le tourisme, et l'héritage de son colbertisme, repris dans les firmes productrices de biens publics – eau, assainissement, construction, ponts, commerce, ferroviaire, armes, aéronautique, agriculture… D'autres sont plus performants en biens d'usage privé, d'autres en gestion informatique, d'autres en commerce… Nul ne peut prétendre à la totalité des compétences et des humanités. Mais que cela est dur à entendre et à accepter pour un Français qui croit que les valeurs issues du siècle des Lumières sont indépassables et que sa Révolution est un modèle ! Nous avons vécu l'Europe comme une grande France, et les Nations unies comme une Europe agrandie. Or c'est le temps des diversités mises en réseau qui est devant nous. Dans un monde dorénavant clos et connu, la protection du stock des cultures et civilisations inventées pour conquérir la planète est notre plus grande richesse. Mais comment les connecter sans les affadir ?

Ce livre veut raconter ce qui nous entoure avec l'œil de celui qui a pour métier l'observation du présent. En fin d'ouvrage, je reviendrai sur la question du politique. J'essaierai de proposer une analyse de la crise politique de la France et de l'Europe. Ma conviction est que nous pourrions, dans ce temps nouveau de l'humanité appelé mondialisation, être une nouvelle Grèce, une nouvelle Rome, une nouvelle Constantinople, une nouvelle York. Mais avançant vers le futur à reculons, englués dans la culture politique du passé, dominés par des élus sans grande culture du monde, nous sommes en grand danger de replis nationalistes et d'aliénation au culte de l'argent et de la rente.

La France souffre pour entrer dans le monde qui vient. C'est peu de le dire. Le chômage est devenu endémique et atteint des sommets, la violence des affrontements politiques cache mal la faiblesse des projets, les investissements étrangers reculent dans l'hexagone, le désir d'Europe s'est perdu, la peur du monde progresse. Et ce n'est pas seulement la France comme communauté, économie ou mythe qui souffre, ce sont les Français dans leurs espérances communes ou leur confiance dans les politiques. Il y a en France une nostalgie du passé qui nous étouffe et nous entrave – sur laquelle il faudra revenir.

Ce livre est organisé en trois textes complémentaires qui adoptent chacun un angle différent. Une seconde partie rassemble des chroniques que j'ai tenues en 2011 et 2012 dans *Polka Magazine* sur la société française et qui éclairent notre société à la lumière de mes analyses. J'espère que l'ensemble sera stimulant et réjouissant pour le lecteur. Merci à Sonja Boué qui, comme toujours depuis quarante ans, en a assuré le fignolage. Une pensée pour mon ami Roger Dosse qui relisait toujours mes manuscrits.

Texte un

I
Le temps des métamorphoses

Ce livre veut donc raconter la métamorphose du monde telle que nous la traversons. Du moins en présenter quelques fragments. Car ce qui nous bouscule est multiple, passionnant et effrayant à la fois par sa vitesse et son originalité. Il est difficile d'en avoir une vue globale. La révolution informatique bouleverse l'ordre issu de la révolution industrielle, peut-être même l'ordre issu de l'invention de l'imprimerie, comme le propose Michel Serres : l'ancien tiers monde est en passe d'être le nouveau premier monde, le mythe révolutionnaire a quitté l'Europe et les anciennes sociétés industrielles, l'unité du monde est devenue un fait immédiat et quotidien. À l'intérieur de nos sociétés, l'ordre du travail et de la production n'est plus le grand ordonnateur des liens et des engagements. « Les femmes sont devenues des adultes comme les autres », selon la formule de Pierre-Henri Tavoillot[1], et nous avons ajouté une génération entière à nos familles depuis la Grande Guerre. Ni les religions ni le travail ne suffisent plus à faire sens.

L'ancien État social qui a porté notre transformation depuis deux siècles est mis en concurrence avec une société numérique collaborative en plein développement, quand la mondialisation des firmes et des échanges assèche nos finances publiques. L'ancienne classe laborieuse coalisée, qui fit pièce aux forces capitalistes de la révolution industrielle en profitant en Europe du risque révolutionnaire difficilement contenu à Berlin pendant un demi-siècle, cette ancienne classe s'est délitée comme force coalisée. Restent des quartiers marginalisés, territoires de la relégation de minorités sociales, familiales, ethniques ou migrantes, qui sont le pendant pauvre du pouvoir des villes métropoles sur notre monde. Restent des chômeurs, souvent jeunes, femmes ouvrières, immigrés, qui sont utilisés pour réguler le coût du travail. Il y a des très pauvres, des très riches et une immense société moyenne inquiète du

1. Pierre-Henri Tavoillot, *Les femmes sont des adultes comme les autres*, l'Aube, 2012.

risque de déchéance. Au niveau mondial, un humain sur deux appartient déjà à ce groupe central. Au fur et à mesure que l'Humanité va mieux, ce groupe va croissant ; mais le pessimisme est plus fort que la réalité des chiffres de l'exclusion et de la souffrance sociale. Cela est particulièrement vrai en Europe et en France.

Les grandes firmes, et le terreau fertile des petites et moyennes entreprises, laissent un volant constant de chômeurs faire pression sur le marché du travail, comme certaines zones urbaines font pression sur les métropoles en entretenant un volant de main-d'œuvre bon marché prêt à tous les petits emplois urbains. En cela, firmes mondiales et métropoles sont les deux acteurs majeurs de notre mondialisation. Leurs points de contact sont peut-être le nouveau lieu possible d'un renouveau d'un rapport de force entre économie et politique que l'ancien affrontement capital/travail ne régule plus et que le rapport humanité/nature peine à organiser.

Tout cela nous angoisse, nous déstabilise et nous empêche d'observer et de penser. Ce futur incompris nous renvoie vers notre passé, et ce tout particulièrement en Europe, siège de l'ancien monde et de la révolution technologique précédente, mais aussi lieu des grandes révolutions sociales de 1789, 1848, 1917 et scène centrale de la guerre froide qui clôtura le cycle des guerres du XXe siècle. En France, cette métamorphose inquiète : ce pays à l'unité fondée par le rayonnement de sa culture et de ses valeurs dans la politique s'intègre mal au monde polycentré dont il n'est plus le cœur culturel et où le politique est devenu autre, post-politique pourrait-on dire. Ce que nous avons appelé politique – rapport de force entre des classes plus ou moins coalisées et des nations mythiques – n'y fonctionne plus. Il y a (encore) au moment des élections des cristallisations du spectacle politique qui permettent de désigner des responsables, mais l'état de grâce qui suivait l'élection a disparu. « La France souffre de nostalgie », dit Claudia Senik[1].

Face à la vitesse des changements que nous traversons, il est impossible d'être omniscient dans les différents champs qui se télescopent : révolution informatique, allongement de la vie, invention d'un totalitarisme chinois

1. In Christian Makarian, « La France souffre de nostalgie », *L'Express*, 29 août 2013.

d'économie de marché, guerres religieuses et militaires secouant le monde musulman, changement climatique, transformation des enjeux énergétiques… Ce monde à la puissance croissante fait peur par la disharmonie de ses mouvements alors même que la vie s'y améliore, mais que nous avons du mal à le voir. C'est pourquoi ce livre a été pensé comme fragmentaire. Il ne peut prétendre à rendre compte entièrement du changement de ce monde, dont Edgar Morin a tenté de saisir la dynamique avec son concept de société complexe[1]. Mais comment inventer des formes nouvelles de gouvernance et mettre en récit notre aventure de vivre ? Comment repenser des champs de rapports de force et de régulation politique ?

La révolution informatique

La révolution informatique bouscule à une vitesse fulgurante les liens entre les hommes. Le chambardement de notre condition humaine déjà en cours avec l'allongement de la vie et la réunification planétaire a été accéléré, réorganisé

1. Edgar Morin, *La Méthode*, 6 vol., Seuil, 1977-2006.

par la révolution informatique qui crée une société collaborative horizontale, instable, éphémère, en lieu et place de sociétés concurrentes et de nations organisées verticalement autour de leurs États. La révolution informatique est venue apporter la réponse technologique à cette société en cours d'émancipation de la domination du salariat et de la mise en mobilité à tous les niveaux de nos liens.

Un modèle social collaboratif, certes encore minoritaire, émerge, porté par l'intérêt mais aussi par l'altruisme et le besoin de rencontre. Dès lors, notre modèle social européen, qui fut une si grande réussite, apparaît lourd, difficile à manœuvrer, coûteux. L'autopartage, les rave-parties, les amap, les échanges de maisons, les réseaux sociaux, les rencontres de loisirs ou les rencontres amoureuses, l'étude et l'apprentissage, demain la sécurité, la recherche d'emploi…, partout se met en place une société alternative de collaboration et d'échange en bordure du marché qui permet de faire soit des économies, soit de petits gains. D'une certaine manière, l'autoproduction domestique reprend sa place à côté de l'économie monétaire, comme dans les sociétés traditionnelles. Les encyclopédies ont déjà disparu au profit de Wikipedia, les cercles de dialogue se multiplient, les révoltes s'allument sur la toile. Cela facilite et accélère nos mobilités tant géographiques qu'affectives, éducatives, professionnelles, religieuses et politiques. Nos convictions et nos engagements deviennent des bricolages à concentrer en cent quarante signes.

Cette mise en réseaux tribalo-familiaux et en réseaux virtuels généralisés favorise le refus des ordres en place plus qu'elle ne propose de réels modes de gouvernance. Nous ne savons comment y protéger nos valeurs. Par conséquent, le politique tend à se réassurer dans les idées et les outils d'hier, non par conservatisme atavique, mais par peur du risque face au non-connu. Car, s'il n'y a plus de terre vierge, reste à découvrir une société vierge de récit. L'humanité réunifiée avance sans compréhension d'elle-même tant le saut fut gigantesque entre des peuples conquérants, en tensions plus ou moins fortes, et l'humanité rassemblée cherchant un entre-soi et une gouvernance. Face à cette humanité connectée, mais inquiète de l'uniformisation et de la standardisation, la nature se dresse dans ses incertitudes et ses fragilités croissantes. La puissance de l'humanité croît de sa réunion, mais sa capacité de destruction ne croît-elle pas plus vite ? Certains s'en inquiètent.

Ce qui nous relie

Nous ne pourrons pas sortir de la crise que nous vivons, ni du pessimisme européen et français qui nous imprègne, sans une analyse approfondie des changements de notre société, de nos rêves, de nos peurs, de nos atouts et de nos faiblesses. Nous n'en sortirons pas sans une réinvention de notre contribution au monde qui vient, sans un nouvel imaginaire du futur. Nous sommes enfermés dans notre passé, celui de l'Europe, celui de la France. Or le futur n'est plus que partiellement inscrit dans cette dynamique. Le monde a changé. Il est plus grand. Et limité. Notre société aussi a changé, et notre regard a vieilli. Le passé doit être protégé pour ses beautés et parce qu'il nous fonde, mais le futur ne s'y appuie plus que faiblement. Car la révolution informatique bouleverse à notre insu les appuis du monde d'hier.

Ce qui nous relie a été bouleversé. Nous avons ajouté *une génération* à nos familles depuis la Grande Guerre. Nous sommes entrés dans *la civilisation des vies complètes* détectée dès les années 1960 par Jean Fourastié[1], mais nous n'en avons conscience que lorsque l'on débat du paiement des retraites. Et dans cette société où la vie s'est allongée de 40 % en un siècle – un seul siècle – la place du travail a été, en contrecoup, réduite de près des deux tiers. On travaille en France et en Europe au mieux soixante-dix mille heures dans des vies de sept cent mille heures.

Du coup, et c'est cela que je n'avais pas perçu dans mon ouvrage précédent, *les liens privés, interpersonnels, affectifs, ont pris le pas sur les liens sociaux issus de la sphère du travail.* Aujourd'hui, avant d'avoir une appartenance sociale, professionnelle, nous sommes membres d'une tribu familialo-amicale aux multiples facettes. Nous sommes ainsi devenus des êtres multi-appartenants, et d'abord des êtres d'origine, de genre, de couleur, de lieu, de famille, certes recomposée, d'affection, d'éducation, de passion, de transmission culturelle. D'érotisme démocratisé. Et ces liens de plus en plus nombreux sont aussi

1. *La Grande Métamorphose du XXe siècle. Essais sur quelques problèmes de l'humanité d'aujourd'hui*, Presses universitaires de France, 1961.

plus souples et plus discontinus. Alors, le métier devient une appartenance parmi d'autres, certes forte. Le groupe social, une de nos références. Mais les classes sociales classent moins. Et la permanence du chômage comme la discontinuité des emplois accentuent le phénomène.

Le champ politique en est bouleversé, même si les partis et les discours qui occupent encore la place sont pour l'essentiel les mêmes qu'hier. Mais le peuple, lui, est largement ailleurs car les 88 % de son temps de vie qui n'est pas consacré au travail multiplient ses liens et ses appartenances les plus diverses. Seuls les politiques croient encore à la prise de leurs discours sur le réel. Ils ne parlent que de réformes et multiplient les lois alors qu'ils ont d'abord à se réformer eux-mêmes. Nous reviendrons sur cette question essentielle.

Cette domination des liens privés et du travail court bouleverse les équilibres tant économiques que culturels et politiques. C'est là que la révolution informatique a pu glisser ses innovations techniques. Au cœur de liens sociaux de plus en plus interpersonnels et tribalo-familiaux. L'évolution des techniques et les attentes de la société forment couple, se stimulent et s'accélèrent mutuellement. La mise en mobilité généralisée des hommes a précédé le passage d'un ordre vertical du livre à un ordre horizontal du réseau. Mais elle l'a aussi favorisé et renforcé. Il nous faut penser en sociologue et en historien des sciences et des techniques, en politologue et en écologue. Autrement dit, il faut penser de manière encyclopédique, donc avec d'autres, tout en se plongeant suffisamment dans le réel pour voir du changement à l'œuvre.

En même temps, il faut se décaler des truismes du débat public et de ses angoisses en affirmant que le travail salarié dans sa superbe nécessité n'est plus notre seul maître. Il n'est plus que le petit frère de nos affections, de nos innovations et de nos réseaux. Il a perdu le combat engagé en 1789 quand il avait réussi à abolir les jours fériés et les dimanches, renvoyant les religions dans la sphère privée. Le combat a été rude : 1906, retour du dimanche férié ; 1917, samedi après-midi férié pour les femmes ; 1936, quarante heures hebdomadaires et quinze jours de vacances ; 1945, retraite ; 1981, cinquième semaine de congé et trente-neuf heures ; 1997, trente-cinq heures. Un siècle pour faire rentrer le travail salarié dans une sphère non hégémonique.

De 1789 à 1997, la part du travail salarié dans la vie d'un homme européen est passée de 40 % à 10 %.

Le retour de l'autoproduction

Dans le même temps, la machine et la technique sont devenues puissantes ; l'automobile, le téléphone, la télévision, puis la révolution informatique ont bouleversé les processus de production et la productivité. En 2013, aux États-Unis comme en Europe, le temps passé devant un écran de tablette a été supérieur à celui passé devant la télévision – et ne parlons même pas du livre ou de la presse papier. On peut se demander si le développement du modèle social collaboratif ne recrée pas une sphère d'autoproduction domestique considérable qui nous renvoie, sous d'autres formes, à la société du troc et du jardinage. Si nous sommes tous salariés, ou cherchons à l'être, nous ne travaillons plus qu'à temps partiel. Si nous travaillons en partie pour le modèle social d'État qui prélève près de 45 % de la richesse produite en y incluant les retraites, si nous travaillons en partie pour le capital privé qui finance l'investissement productif, de plus en plus, et là je suis d'accord avec Jeremy Rifkin[1], nous travaillons aussi, hors salariat, pour produire du capital social, des biens d'échange et de solidarité, de l'art de vivre. Et pour travailler aujourd'hui dans ces trois sphères, il faut certes des objets techniques qui nous relient en réseau, mais il faut aussi un niveau d'études élevé et des ressourcements continus.

Les métiers sont devenus si complexes – y compris ceux qui nous semblent les plus simples – qu'on fait, en ce début de XXIe siècle, environ une heure d'études pour produire deux à trois heures de travail. Et la porosité des temps entre travail et non-travail ne cesse d'augmenter. Mais croire que, dans ce monde du *cloud*, il suffit de quelques clics pour être informé et compétent serait une erreur. L'immense effort de l'apprentissage et les capacités créatrices restent essentiels même si, comme le souligne si justement Michel Serres, « pour la première fois de l'histoire, on peut entendre la voix de tous[2] ».

1. Jeremy Rifkin, L*a Troisième Révolution industrielle. Comment le pouvoir latéral va transformer l'énergie, l'économie et le monde*, éditions Les Liens qui libèrent, 2012, p. 17.
2. Michel Serres, *Petite Poucette*, Le Pommier, 2012, p. 58.

Il n'en demeure pas moins que les liens au travail salarié tiennent une part largement minoritaire dans la construction de nos vies et de nos liens sociétaux même si, en même temps, le lien salarial s'est généralisé. Nos cultures politiques en sont littéralement bouleversées. Car depuis la Révolution française, puis la révolution industrielle, c'étaient les groupes d'appartenances formés par le travail et la nation qui structuraient le champ politique. Or les liens socio-productifs, en devenant minoritaires face à nos autres liens privés, familiaux et collaboratifs, ne sont plus à la base des fondations du champ politique que nous connaissions car les tensions du monde de la production ne sont plus aussi centrales.

Les relations entre les genres et les générations, les cultures et les héritages, les tensions entre l'humanité et la nature, la gouvernance intercontinentale et intercivilisationnelle d'une planète rassemblée…, tout cela émerge difficilement dans la sphère politique. Ces enjeux sont devenus aussi décisifs que la tension entre capital et travail. Mais le politique tel que nous le connaissions, et tel qu'il se perpétue très largement, souffre à les porter.

La crise du lien salarial

Notre hypothèse développée dans ce livre est que la culture politique européenne – et particulièrement française – a une difficulté à intégrer ces évolutions. Peut-être parce que là sont nées les cultures politiques qui ont construit la mondialisation : l'esthétique de la conquête et le désir de domination ne sont pas forcément l'art nécessaire à l'habitation d'un monde clos et limité.

Ainsi se suivent et se télescopent la domination des liens privés sur ceux issus de la sphère du travail et l'affaissement du corpus politique issu de la révolution industrielle et de la révolution informatique. La liberté nouvelle que nous y gagnons affaiblit les structurations de nos sociétés et se joue des anciennes frontières et de l'idée de nation. Si nos bonheurs privés augmentent, le malheur public emporte notre vision commune. Et plus nous sommes individuellement à l'aise dans cette société-là, plus nous sommes inquiets de notre devenir commun et de la permanence de notre pays – et de notre monde.

Parallèlement, la révolution informatique permet l'accélération du développement en certaines parts du monde car il n'y est plus nécessaire de passer par toutes les étapes du développement que nous avons nous-mêmes connues. L'énergie collaborative et le développement des libertés de liens entre individus, même dans des sociétés autoritaires ou totalitaires, favorisent relativement des sociétés sous-équipées ou sous-démocratisées. L'économie de marché peut libérer sa puissance sans liberté politique. Sans doute pas sans liberté individuelle, et l'exemple de la Chine montre qu'il peut y avoir, ici, découplage[1]. La croissance peut tenir lieu de système de valeurs pour un système qui libère les réseaux familialo-amicaux.

Cela crée en Europe une immense angoisse. L'ancienne avant-garde occidentale est en concurrence avec ses anciennes colonies. Les riches s'éloignent de la masse de ceux qui produisent leurs richesses. Et dans cette Europe surpuissante, mais en panne de désir, la France représente le cas le plus difficile. Car celle-ci qui fut Lumières, Révolution, exception culturelle, n'est plus que magnifique, intelligente, agréable à habiter et…

---

1. Thi Minh-Hoang Ngo, *Doit-on avoir peur de la Chine ? Le communisme chinois et l'Occident*, l'Aube, 2013.

dépressive et endettée ! Marianne fait ses courses chez Ikéa. Le Concorde est au musée, le paquebot *France*, démantelé. La nation des droits de l'homme est en crise de récit politique et de capacité à penser ses forces et ses faiblesses.

D'autant que nous ne savons plus comment fabriquer de projet politique dans cette société où la progression des liens privés au détriment des liens afférents au système productif affaiblit les appartenances politiques héritées. Nous sommes dominés par la culture de l'auto-organisation et de l'aléatoire de nos temps non productifs que relaie la société collaborative issue de la révolution informatique. Les valeurs et pratiques collectives ont cédé, comment refaire du commun ?

Nous comprenons peu à peu que les années 1980, de l'élection de François Mitterrand, qui fut une sidération collective extraordinaire, à la chute du communisme et du mur de Berlin, ont mis fin à notre idée française du modèle en politique. Que nous incarnions, bien entendu… La Révolution, son avant-garde et sa fierté ne sont plus le mythe fondateur nécessaire du futur d'un monde autre. Demeurent des révolutions de type fasciste, aujourd'hui islamistes qui, elles, veulent un monde autre, mais à chercher dans un passé réinventé, et des révoltes-révolutions de régulation des sociétés comme à Tunis, au Caire, à Brasilia ou Istanbul. Mais ce ne sont plus des moments refondateurs du modèle économique.

Car en société d'économie de marché, nous y sommes tous déjà, sous des formes politiques diverses et des niveaux de développement variés. Hors de l'islamisme, ces révoltes et ces révolutions revendiquent des choses ailleurs banales : la démocratie, les droits de l'homme, la sûreté, la paix, l'égalité entre les hommes et les femmes, l'éducation, la santé, du travail… « Des gommes et des crayons », comme disaient en 1968 les gauchistes pour se payer la tête de ceux qui, semblant oublier Robespierre, Danton, Marat, Lénine et Mao…, revendiquaient une réforme de l'université et des moyens pour étudier. « Des gommes et des crayons » pourtant si utiles pour trouver une place dans notre société d'éducation.

Le temps du monde Un

Le monde est devenu Un. Son destin est Un. Sa mort possible aussi. Chacun d'entre nous vit ce terrible face-à-face de lui-même et du monde dans sa globalité. Alors, cet individu seul face au monde demande protections et remparts, communautés et nations. Là est le rôle perdu du politique, sa vraie crise, son silence coupable. Surtout en France, qui est un pays rassemblé par un grand récit historique, une mission, un destin, des valeurs.

Autrement dit, l'Humanité réunifiée sur une petite planète limitée, se trouve en face-à-face avec un morcellement, une mobilité des liens entre personnes de plus en plus tribalo-familiaux, fluctuants, instables. Les grands ordonnancements en classes dans le corps de la nation se sont effrités quand l'humanité réunifiée change le sens et la fonction de la nation.

Le monde qui vient ne sera pas l'exact prolongement du monde dont nous sommes issus. Aux innombrables guerres pour construire des communautés et des nations succède une autre guerre, celle de l'humanité contre sa terre. Et ici il faut se battre contre un adversaire non humain, l'écosystème-terre déséquilibré.

Ce déséquilibre est largement notre œuvre, mais cela ne nous en donne pas la maîtrise. Pourtant, dans cette guerre d'un nouveau genre, bien plus dangereuse que toutes celles que nous avons connues, car à terme elle peut nous faire disparaître, nous avons des armes que nous n'avions jamais eues auparavant : cette réunification après des milliers, des dizaines de milliers d'années d'errances et d'égarements.

La communauté des hommes est aujourd'hui rassemblée, chaotiquement, définitivement. L'humanité est Une, le sait et le constate, chaque jour, à chaque instant, par nos milliards d'écrans de télévisions et nos milliards de téléphones portables connectés par internet. La terre vide a disparu. Lucy est arrivée à la fin de son voyage et a rejoint tous ses enfants. Les communautés que nous avions construites pour nous rassembler par groupes, partis, régions, changent de sens ou se perdent : les nations, les ethnies, les religions. « L'horizon indépassable de notre temps », ce n'est plus le communisme comme le pensait Sartre, mais l'humanité maintenant rassemblée sur une seule petite planète à l'écosystème douloureux.

L'événement s'est produit au XXe siècle, dans la curiosité, le progrès, la prédation, la guerre, le massacre suprême, quand le nazisme a tenté de faire disparaître la part juive ou tsigane des peuples européens. Point ultime de la conquête quand celle-ci ne peut plus gagner de l'espace qu'à l'intérieur de son propre corps politique. Le monde était déjà Un, et habité, complètement.

Seulement il manquait à l'humanité unifiée le lien pour co-vivre chaque instant, pour faire information et destin partagés, risques et désirs. C'est là que la technique est venue apporter sa pierre puissante en créant le lien horizontal qu'instaure la révolution informatique. Près de quatre milliards d'humains sont déjà en réseau, connectés aux banques de données, apprenant et s'émouvant, s'apeurant aussi, en commun. Près de trois milliards d'entre eux ont dans la poche un téléphone connecté à internet et relié à d'immenses banques de données. Il n'y a pas que les services secrets qui communiquent et observent.

Si, comme le dit Jean-Luc Nancy, « nous avons appris que prôner le commun peut être le danger suprême, nous avons également appris, et je crois qu'en ce moment même nous l'apprenons un peu plus tous les jours, que ne pas avoir de perspectives communes est au moins aussi désastreux[1] ». Le commun qui fusionne et rassure a

1. *In* Nicolas Truong (dir.), *Résistances intellectuelles. Les combats de la pensée critique*, l'Aube, 2013.

tué des millions d'humains par des religions de l'ici-bas prônant une classe ou une race. Mais aujourd'hui, la faiblesse du récit de notre aventure et l'absence d'enjeu autre que la gestion et la protection nous égarent et nous apeurent. Il faut penser l'unité planétaire et la diversité de nos aventures dans un monde de liens collaboratifs et de pressions écosystémiques. L'enjeu est passionnant et difficile.

II
Une société bouleversée

La question nouvelle du temps social

La sociologie ou la pensée politique se sont surtout intéressées aux territoires et aux classes productives, le temps étant laissé aux prêtres et aux philosophes. Observant depuis les années 1970 une région, la Provence, bouleversée par nos temps libres – week-ends, vacances, retraites –, j'ai, pour un sociologue, une approche très marquée par le temps. Dans un colloque, un de mes collègues disait que j'avais fait, « du temps, mon fonds de commerce » et il avait raison. Plus je travaille, plus je pense que les transformations du temps sont au cœur des questions du monde actuel. Et d'abord, bien sûr, le temps instantané planétaire qui fait que nous sommes partout sur la terre en lien immédiat. Nous sommes devenus réellement contemporains à sept milliards d'individus, émus par les mêmes drames, bousculés par les mêmes innovations... Face à ce temps englobant qui nous fait vivre globalement, la société est morcelée en d'innombrables aventures individuelles portées par les bouleversements de notre espérance de vie, la place réduite du travail, l'explosion des liens collaboratifs – notamment liés à la tablette numérique, l'enjeu de la vitesse et les multiples batailles sur la durée de notre « temps à soi »...

J'ai décrit cela dans un ouvrage précédent, mais je crois qu'il faut y revenir sous un autre angle. Celui du changement de type de liens que cela entraîne. Les religions ont lié des hommes virtuellement dans les mêmes croyances et les mêmes rituels quand les liens vécus étaient faibles. Les pensées rationnelles et les idéologies politiques ont accompagné le développement des communications dans un monde encore essentiellement sédentaire. La révolution informatique accompagne une humanité devenue de plus en plus mobile et vivant dans un territoire clos, commun, connu par chacun – ou du moins un nombre de plus en plus grand. Aussi agit-elle simultanément au niveau local et au niveau global, alliant un mode d'anonymat que nous apporte la grande ville et un mode d'intensité que ne nous offrent plus des conditions de travail qui ont évolué. Le jeu entre réseau et anonymat, connexion et déconnexion, nous donne des libertés nouvelles essentielles. Nous pouvons y être reliés, mais pas voisins, ce qui est un équilibre nouveau porteur d'autonomie sans solitude. Car n'oublions pas les contraintes anciennes des voisinages subis et permanents.

Mais, en arrière-plan de ces trois périodes de ce qui nous lie, se dessine une certaine idée de la propriété du temps qui les a rendues, chaque fois, possibles. Temps propriété de Dieu dans les mondes religieux, et en France jusqu'en 1789. Puis temps voué au travail et à la production séparant alors temps salarial masculin et temps féminin supposé plus religieux (d'où le refus de donner le droit de vote aux femmes qui auraient voté à l'instar de leur curé en 1936 !). Et enfin, peu à peu depuis un demi-siècle, « temps à soi », temps peu à peu privatisé dont chacun concède une part au travail ou à la religion. Retenons que plus le temps est long, plus il est à soi. Quand on ne travaille plus que 10 % de sa vie, le temps est à nous. Si le travail demeure un marqueur social fort auquel le degré d'autonomie, le champ des valeurs, les facultés d'accomplissement et de reconnaissance – jusqu'aux manières de se vêtir ou de séduire – sont indexés, il n'est plus le « tout ». Oui, je crois que la modernité, c'est la privatisation individuelle du temps. Libre à chacun de le consacrer à son dieu ou au travail, à ses plaisirs ou sa méditation, mais c'est son choix. La révolution informatique est l'enfant de cette privatisation du temps qui favorise un temps à soi créateur de mobilités aussi bien spatiales que sentimentales, éducatives, sociales ou culturelles. Le temps n'est pas seulement une quantité, ni même une qualité, il induit aussi l'idée de sa propriété. Ainsi le temps qui était une question quasi uniquement philosophique ou religieuse est-il devenu une question sociale.

Les batailles sur la durée de vie, les multi-usages du temps, la prévision du climat des époques futures… sont devenues nos batailles essentielles. Rappelons que l'on estime que l'espérance de vie moyenne en France et dans les pays développés a crû de 40 % au XXe siècle. Et on a profondément démocratisé cette moyenne grâce aux progrès de la médecine et de la prophylaxie, à la sécurité sociale, aux retraites et à la réduction du temps de travail, même s'il reste des écarts important entre métiers (environ sept ans) et entre hommes et femmes. Dans l'histoire de l'humanisation, c'est un bond gigantesque. Les écarts restent évidemment considérables, mais sachons voir le mouvement d'ensemble. C'est pour cela que, bien que les maternités soient moins peuplées, nous serons bientôt neuf milliards. Nous sommes contemporains plus longtemps. Dans nos familles et au niveau de l'humanité.

La révolution numérique dans laquelle nous entrons est, certes, le fruit du progrès des techniques, mais elle n'aurait pas eu lieu sans ces vies plus longues qui ont fait de nous des êtres mobiles dans l'espace, le social, le productif, le familial et le temps. Nous avions besoin de liaisons non physiques entre nous *avant* les téléphones portables et internet. Nous avions besoin de faire réseau *avant* les réseaux numériques car nos anciennes appartenances s'étaient défaites. Nous avions besoin que ces réseaux nous accompagnent dans nos mobilités *avant* l'invention des tablettes numériques. En cela notre époque aux évolutions si rapides est plus transformée par les innovations technologiques que par les découvertes scientifiques[1]. Mais la culture reste première et rend possibles la pensée, puis l'invention, des objets technologiques qui eux-mêmes deviennent acteurs des mutations culturelles. C'est pourquoi je commence ma réflexion par le temps, dont les mutations sont fondatrices de la troisième révolution industrielle et de la société collaborative. Qui elles-mêmes accélèrent les effets, les clivages, les forces et les dangers de cette société où la vie longue devient un but.

Un travail minoritaire

On peut discuter les chiffres de la place nouvelle du travail qui, dans les pays développés, est de 12 à 16 % du temps de nos vies, mais ce qui est sûr, c'est que l'on travaillait facilement trois fois plus il y a un siècle. La tendance est considérable. On gagne encore de nos jours six heures de vie par jour et on dort trois heures de moins qu'en 1900. Les journées ont donc d'une certaine manière neuf heures de plus qu'il y a un siècle ! Il peut y avoir des reculs de l'espérance

1. Pierre Musso et Franck Cormerais (dir.), *L'Objet local à l'heure des réseaux*, l'Aube, 2014.

de vie, notamment liés à la pollution ou à nos modes de vie, mais gardons en perspective le mouvement d'ensemble.

Il y a là une transformation sociétale gigantesque dont il ne semble pas qu'on ait pris la juste mesure. Quand 88 % du temps vécu dans une ville ou un pays n'est pas consacré au travail, cela veut dire que les liens interpersonnels, privés, ont pris le pas sur les liens sociaux. Cela veut dire que nos comportements en termes d'affection priment sur nos comportements de salariés, que l'amour mobilise plus que la production. Et la préoccupation première du salarié va être que son travail ne nuise pas à ses autres activités et que son salaire soit suffisant pour lui permettre cette vie privée dominante. Cette perspective est particulièrement sensible chez les jeunes, et il est important de comprendre que ce rapport autre au travail n'est pas un refus du travail, mais la défense de sa vie personnelle. 12 % du temps ne peuvent pas en écraser 88 % !

Par ailleurs, j'ai dit, pour faire image, que *nous avons ajouté une génération dans nos familles au XXe siècle.* Majoritairement, nos parents nous quittent quand nous sommes déjà à la retraite. En moyenne, on devient grand-parent à 53 ans et on perd ses parents à 63 ans. Ce sont des chiffres à méditer, pour soi bien sûr, mais aussi pour la société. Les batailles pour la santé, une vie saine, contre la pollution de l'air… vont donc être au cœur des débats. D'où l'extrême attachement de chacun aux réductions du temps de travail qui sont largement, à juste titre, associées à l'allongement de l'espérance de vie. Gagner du temps de vie est devenu la première des libertés. Et en bonne santé. Et du temps pour soi, plutôt que pour le travail ou le financement des biens publics. Pensons cette société de vies longues et de travail salarié court et comprenons que cela peut très souvent être la qualité ou la créativité du temps de non-travail qui est le moteur créatif de ce type de société. Surtout pour ceux qui ont des tâches peu valorisantes, ou qui travaillent sans vraiment avoir de métier ou de savoir spécialisé.

Dans ce type de société, l'héritage est un moyen d'améliorer sa retraite plus que d'investir dans l'économie. Or on disait, encore dans les années 1960, que nous avions deux vies d'adulte. La première sous le regard des parents où nous devions montrer notre capacité à rapporter un salaire et à faire des enfants.

La seconde où nous étions vraiment adultes. Maintenant, on est vraiment adulte… à la retraite ! Les transmissions changent ainsi de nature : on se fréquente vingt ans de plus entre parents et enfants, on se transmet des récits et des valeurs…, du contrôle social aussi. Mais moins de biens, forcément, ou plus tard. Le repas du dimanche a alors repris le rôle central dans le lien social qu'il avait perdu après 1968, mais dans des familles de quatre générations où l'aide, y compris financière, entre générations est considérable.

Ces vies plus longues, ces transmissions plus profondes lient culturellement les générations sur des durées sans cesse en augmentation, cela au moment même où la révolution informatique accélère les mutations technologiques et sociales. C'est cette tension et cette contradiction qui sont au centre des sociétés dites développées. Nos racines culturelles s'allongent, inversement proportionnelles aux renouvellements technologiques, et nous y cherchons souvent refuge pour nous protéger des bouleversements du monde. Ce paradoxe est frappant chez les terroristes islamistes, qui ont souvent fait des études technologiques de bon niveau mais qui ont dû chercher le sens ailleurs, dans leurs origines plus ou moins réinventées, et en ont détourné le message religieux.

Surtout, *plus la vie est longue, plus on la vit par séquences courtes* ! Il faut s'arrêter sur ce paradoxe. Avec une vie plus longue, on peut sans cesse *retenter sa chance*, en amour, durant les études, au travail (même si la pression du chômage nous bloque souvent), dans nos choix résidentiels, sportifs, culturels, et même idéologiques, politiques ou religieux. C'est cette tension entre longueur du temps et accélération des épisodes qu'il faut analyser. *La société du zapping est celle des vies longues.* Hier, encore après-guerre, on espérait que les enfants soient installés avant de mourir. Aujourd'hui, on a une deuxième vie après leur départ.

Vies plus longues et vies plus discontinues nous amènent à fabriquer au fil du temps une espèce de famille-tribu, avec des anciens et des ex, des enfants qui manquent de père, des amis de jeunesse et d'école dont le nombre augmente au fur et à mesure de l'allongement des études. Et de leur féminisation. Sans oublier les amis de vacances qui sont un groupe souvent un peu à part, généralement construit pour que les enfants aient des copains de vacances. En outre, quand travail et non-travail sont coproducteurs du fait social, les multi-appartenances complexifient nos identités et nous ouvrent des possibilités de jeux et de liberté inconnues. Autrefois, « on » était plombier ; aujourd'hui, « on » est plombier mais aussi homosexuel, breton, skieur, etc. La part du métier dans la classification, la visibilité et donc l'identité sociale ne cessent de reculer. Même si, dans le même temps, la salarisation croissante des femmes généralise cette part productive de chacun. Nous sommes entrés dans une société du travail court, mais généralisé, et pour de plus en plus d'années, car l'investissement études se rentabilise sur un nombre d'années créatives en constante augmentation s'il est sans cesse mis à jour. La vie s'allonge d'un an tous les quatre ans. Restent notre incompréhension profonde de ces évolutions et la faiblesse des politiques de formation continue.

Alors que les Danois sont aptes au travail jusqu'à 70 ans grâce à une politique de santé publique novatrice, en France, c'est vers 61 ans et demi que nous commençons à avoir des handicaps. Mais plutôt que de revendiquer une autre politique de santé..., nombreux sont ceux qui revendiquent la retraite à 60 ans à cause de l'usure du corps. Quand donc va-t-on penser meilleures conditions de travail, éducation et santé pour une vie longue ? Il y a là un déficit d'espérance de vivre tragique.

Pourtant, dans cette civilisation des vies complètes, la part de l'emploi consacrée à l'éducation, la santé, la culture, le divertissement représente environ 40 % des postes de travail. Une vie longue est un investissement collectif en éducation, santé, culture et loisirs. En contrecoup, la mécanisation de l'agriculture et de l'industrie, voire les échanges internationaux nouveaux, ont réduit la part des actifs de production. Là sont en vérité les évolutions productives liées à ces vies longues, le corps et le cerveau y sont sollicités autrement – et il reste des évolutions à favoriser car il reste encore un écart de plus de sept années de vie entre un instituteur et un ouvrier. Agir dans cette société de vies longues consiste à repenser le travail, le type de travail, le type de non-travail, la place des femmes et des hommes, des âges. Il y a là d'intenses évolutions à favoriser.

La conquête sociale du temps

La conquête sociale du temps a, d'une certaine manière, remplacé la conquête des espaces. La terre nous est totalement connue, il n'y a plus d'espace à conquérir – sauf l'espace mais c'est pour le moins une perspective lointaine. Par contre, le temps, lui, est un immense champ en construction – en quantité mais aussi en valeur, en vitesse et en usage. Le prestige traditionnel des militaires a été remplacé par celui des chercheurs et des médecins, l'exigence de produits sains, de l'agriculture biologique, d'activités physiques (plus que du sport qui est devenu spectacle), de protection de la sécurité sociale, le débat sur les retraites… Le temps est au cœur de nos enjeux, y compris dans la préoccupation politique que nous commençons à avoir sur l'état de la terre pour nos descendants. Idée profondément moderne. L'écologie est en cela une pensée plus temporelle que spatiale, et c'est sa nouveauté considérable.

Nous sommes de plain-pied dans la société hypertexte dont parlait François Ascher. Nous multiplions les activités parallèles, téléphonons en conduisant, écoutons la radio en travaillant…

Cela télescope les activités et les usages. On prépare ses vacances pendant les heures de bureau, mais on accepte les coups de fils hors temps de travail sur son mobile, on lit ses courriels le dimanche (surtout les hommes…). Comme l'écrit Alain Bourdin[1] : « Dans ce contexte, le social se compose d'individus "multi-appartenants", c'est-à-dire qui se construisent chacun dans plusieurs champs sociaux distincts. […] Aujourd'hui [les intersections de ces champs] sont de moins en moins nombreuses et ce sont les individus eux-mêmes qui tendent à les articuler les uns aux autres. […] Ce sont des "individus-mots" qui constituent eux-mêmes les principaux liens entre ces "textes-champs sociaux". Ils passent d'un champ à un autre, soit en se déplaçant soit en télécommuniquant. Lorsqu'un employé téléphone à son domicile de son lieu de travail, d'une certaine manière il change de « texte », écrivait François Ascher[2]. La société hypertexte traverse des mondes

1. Alain Bourdin, dans son ouvrage à paraître à l'Aube en 2014.
2. François Ascher, *Ces événements nous dépassent, feignons d'en être les organisateurs. Essai sur les sociétés contemporaines*, l'Aube, 2000.

différents qui ne répondent pas aux mêmes systèmes de valeurs et n'ont que de faibles liens entre eux, ce qui pose la question de la construction de références communes, d'une "institution imaginaire de la société", selon la formule de Cornelius Castoriadis. »

La durée de vie conjointe des couples se réduit, les mandats du président de la République aussi, on a supprimé la peine de mort, le service militaire… 10 % des Français déménagent chaque année. Seule la durée des contrats à durée indéterminée est en augmentation, mais n'est-ce pas surtout dû à la pression terrible du chômage ? Car si la durée des CDI augmente, les non-CDI multiplient les courtes embauches, Pôle emploi traite les dossiers de vingt millions de personnes par an… mais pour combien de temps et combien de fois les mêmes ? Il nous faudra un jour nous interroger sur le sens des emplois à vie dans ce type de société. Qui désire encore un contrat aussi durable ? Et comment légitimer une telle inégalité face au risque de perte d'emploi ?

Plus largement, pensons le temps comme notre nouvelle frontière, celle que sans cesse on va repousser. L'allongement de la durée des vies n'a pas été un projet social ou politique. On s'est battu pour un modèle social de santé, d'éducation et de solidarité, et il en est résulté cet allongement extraordinaire de l'espérance de vie. Maintenant les choses changent car nous avons « découvert » ce progrès extraordinaire et nous nous y attachons. On est moins prêt à payer le prix du sang pour défendre sa communauté, on exige le zéro délit, chaque erreur médicale entraîne procès, le marché des organes humains s'organise et, bien sûr, la recherche médicale travaille de plus en plus à prolonger la vie des bien-portants. On veut des bébés zéro défaut, des vies saines et des médecines de longues vies. Le risque bien sûr est une société totalement aseptisée où les fanatiques prêts à sacrifier leur vie accèdent à tous les pouvoirs. Certains fascistes islamistes l'ont bien compris.

Mais il faut garder à l'esprit que l'on n'a jamais manifesté pour des vies plus longues. Les luttes sociales pour la réduction du temps passé au travail dans une vie (70 % de la vie éveillée en Europe en 1848), les recherches acharnées des médecins et des savants visaient d'abord à résoudre des problèmes immédiats, des souffrances insupportables… L'allongement considérable de nos vies est un effet induit que nous peinons encore à penser. Les médecins qui se consacrent à allonger l'espérance de vie font un peu charlatans, et sans cesse on nous dit que ce qui compte, ce n'est pas la durée de la vie mais la vie en bonne santé. Certes, encore faut-il ne pas être mort ! Peu à peu, je pense que les vies longues vont devenir un projet en soi, projet difficile car il y aura des reculs, des exclus. Et, plus grave, des victimes possibles du marché de l'occasion « des pièces humaines d'origine ». À l'inverse, on voit bien à quel point débattre des choix de fin de vie bloque nos politiques.

J'écrivais dans mon livre précédent : « Le XXe siècle a fait faire à l'humanité trois pas de géant : la richesse produite a été multipliée par dix, les kilomètres parcourus par neuf, et la vie a augmenté de quarante pour cent – du moins dans les pays développés. Autant que de l'an 1000 à l'an 1900. Et ce en cent petites années seulement. Si je rapproche ces trois chiffres, c'est qu'ils permettent de voir immédiatement que l'augmentation de la richesse et celle des kilomètres parcourus sont quasiment identiques alors même que la vie, elle, n'a augmenté "que" de 40 % – même si bien sûr l'allongement de la vie, “le premier bien de l'homme”, disait Victor Hugo, est le plus essentiel. Mais comme, relativement à l'augmentation des biens et des savoirs, l'augmentation de la durée de vie fut plus restreinte, nous sommes envahis par *un sentiment permanent de manque de temps* bien que, du temps, jamais les hommes n'en ont eu autant. Et de loin.

» Comprenons dès lors que, dans notre perception de ces bouleversements, face à la multiplication des biens disponibles et à la possibilité d'avoir ou de faire, c'est *la multiplication des activités que nous ne ferons jamais* que nous retenons en premier ! Et cela est logique car ces biens physiques ou culturels auxquels nous n'accéderons jamais sont sans cesse plus nombreux, puisque la durée de vie a augmenté deux fois moins que la richesse ! Et effectivement, si nous faisons et consommons de plus en plus, la masse de ce que nous ne ferons pas et ne consommerons pas augmente, elle, beaucoup plus vite encore. Pensons à tous les films que nous ne verrons pas, les livres que nous ne lirons pas, les voyages que nous ne ferons pas, les rencontres que nous ne vivrons pas…

» Ainsi, dans cette société de vies longues (et de travail court), chacun est convaincu d'avoir moins de temps, et de vivre moins bien que les générations précédentes car nos frustrations augmentent plus vite que nos satisfactions ! La question qui, de ce fait, nous est posée est d'accéder à une culture du choix dans cette société de propositions surabondantes, et à une culture de la prise de pouvoir sur son temps dans une société où l'allongement de la vie a été comme occulté par l'immensité des possibilités de vivre et de découvrir. »

J'ajouterai à ce jour que ce sentiment de manque de temps lié aux 10 % de notre existence que nous employons « à vendre notre force de travail » pour financer le modèle social d'État et le capital de production – deux choses indispensables à chacun –, ce sentiment est aussi lié au fait que nous ne nommons pas comme un tout le capital social que nous produisons dans l'autoproduction domestique et, de plus en plus, dans le modèle social collaboratif. Jardiner, préparer un repas, repasser, écrire, participer à un conseil d'école, débattre dans un cercle d'amis physique ou numérique, s'informer, organiser un voyage sur internet, manifester, faire du conseil, voyager, sortir, étudier la fiche Wikipedia d'un créateur dont on a entendu parler, réviser ses connaissances dans un domaine oublié grâce à internet, noter ses professeurs ou les services publics sur un site d'évaluation…, toutes ces activités et bien d'autres prennent et prendront de plus en plus de place. Certes, nous n'aurons peut-être pas le sentiment d'avoir plus de temps, mais nous serons des acteurs de plus en plus participants d'un modèle social qui rassemble des égaux autour de projets communs. Peu à peu, la garde d'enfants, l'usage d'une voiture, la gestion de l'énergie même, la solidarité, la rencontre, la sécurité… relèveront au moins pour une part de cette « ère coopérative émergente » dont parle Jeremy Rifkin.

Pour prendre conscience de la réalité de nos usages du temps, il est indispensable de se représenter que nous partageons notre effort au service de trois engagements, *financement des biens publics,* dont la retraite, *production d'un revenu* et de capacités d'investissements, et *capital social collaboratif* producteur de notre art de vivre – en complément de notre vie personnelle et tribalo-familiale. C'est l'intensité des liens entre capital social et société numérique qui constitue le bouleversement central, d'une part parce que les liens entre individus, savoirs et production sont beaucoup plus horizontaux que verticaux, et d'autre part parce que ce modèle social collaboratif produit du service, permet d'accéder à des connaissances, ou de s'engager, de manière quasi gratuite. Cette société de l'art de vivre va augmenter encore au fil du siècle la part non salariale de nos existences tout en produisant de la qualité de vie. C'est du moins l'enjeu du modèle qui émerge, et on l'a très bien vu par exemple avec l'accès gratuit à la musique. Le modèle collaboratif est une sorte de nouvelle monnaie qui régule les rapports entre les individus en neutralisant les effets du don et du contre-don, mais quasiment sans argent au sens traditionnel. Mais ce modèle peut aussi induire des fractures numériques territoriales ou sociales qu'il importe de juguler dès maintenant – en généralisant le haut débit et en inventant des zones franches numériques dans les quartiers les plus sensibles, par exemple.

Cette nouvelle monnaie repose la question du comment on finance la part traditionnelle du système et donc du déplacement de la création de valeur. Mais elle pose aussi que l'art de vivre peut s'améliorer dans une société où le travail salarial est généralisé, mais de moindre importance. « L'activité économique restera essentielle à la survie, mais elle ne suffira plus à définir les aspirations humaines[1]. » Et, poursuit Jeremy Rifkin, « la troisième révolution industrielle change la façon dont nous ressentons nos relations avec les autres humains, nos semblables, et nos responsabilités envers eux… Le rêve américain, longtemps perçu comme l'étalon-or des aspirations de tous les peuples, est clairement ancré dans la tradition du Siècle des lumières, avec son accent sur la recherche de l'intérêt matériel, sur l'autonomie et sur l'indépendance. La qualité de vie en revanche évoque une nouvelle vision de l'avenir fondée sur l'intérêt coopératif, la connectivité et l'interdépendance. Car les économistes des Lumières étaient convaincus que le bonheur et la “bonne vie” étaient synonymes d'accumulation d'une fortune personnelle. Mais, à l'orée de la troisième révolution industrielle, la jeune génération est tout aussi portée à croire que, si le confort économique est essentiel, le bonheur est également proportionnel à l'accumulation d'un capital social » (*ibidem*, p. 315).

1. Jeremy Rifkin, *op. cit.*, p. 17.

La crise de la valeur travail

Dans ce type de société, la question du travail se pose de nouvelle manière car il est devenu une activité mineure en temps et donc largement influencée par son environnement social. Le hors-travail, avec l'école, est devenu le moteur même du travail ! Et si cela est vrai pour chacun d'entre nous, c'est vrai aussi pour chaque territoire. Là où hier il fallait des mines ou des carrefours pour attirer le développement économique, maintenant il faut une densité de relations dans un cadre de vie accueillant. L'humain est devenu premier dans le développement, et l'humain heureux et bien formé.

Cela ne veut pas dire que les gens vivent du loisir et que l'hédonisme a remplacé l'effort. Cela veut dire que la densité des pratiques collaboratives est stimulée par la rencontre des hommes et leur curiosité. C'est exactement ce que fut le rôle du tourisme au XXe siècle. C'est son apport décisif à la condition humaine, et c'est pourquoi sa démocratisation continue à être un enjeu majeur. La France devrait accueillir cent millions de touristes étrangers en 2025 et, si on se préoccupait du départ en voyage de toute la jeunesse, cela constituerait un pas important pour l'intégration et la créativité de notre population.

Parallèlement, si nous travaillons moins, et si nos vies sont en permanence stimulées par des activités de non-travail et de plus en plus par des activités sociales collaboratives, nous travaillons tous – ou nous aspirons à le faire. Les femmes elles-mêmes se sont emparées du travail salarié pour se réaliser et s'autonomiser. Le monde des femmes qui liait la part hors salariat de la société en assurant le soin des corps (enfants, malades, anciens), des maris et des maisons, s'est défait, les femmes devenant, suivant la formule que j'ai déjà citée, « des adultes comme les autres ».

Devenant un groupe mixte, les adultes sont devenus majoritaires, isolant d'un côté les retraités, de l'autre les jeunes. Les retraités sont ainsi devenus un groupe social avec un fort sentiment d'appartenance, porteur majeur des liens associatifs et électifs, mais qui pèse en conservatisme politique. La jeunesse, elle, vit une inclusion de plus en plus lente à la société des adultes avec des apprentissages de plus en plus complexes. Mais réduire la jeunesse à l'exclusion serait une erreur, car jamais son niveau éducatif n'a été si élevé, et son optimisme pour son propre avenir reste fort.

Mais si nous travaillons tous, souvent l'effort est masqué, voire dévalorisé. Notamment parce que les deux grands moments de l'innovation culturelle depuis la guerre, la télévision et les vacances, sont des lieux-moments où tout est fait pour que l'intensité du travail qui entoure « le spectacle » soit masquée : le temps libre n'aime pas l'effort visible des autres. En outre, l'arrivée de la société numérique a pu faire croire que le savoir étant disponible pour tous et partout, l'effort d'apprendre allait disparaître. Cela me paraît une erreur. L'école doit être repensée autour du libre accès à ces immenses banques de données, mais la compréhension du sens des événements et de la cohérence des processus reste, et restera, le fruit d'un immense labeur souvent personnel et secret, mais essentiel. Et si nous ne savons enseigner cela, et enrichir culturellement le hors-travail, nous allons assister au retour des appartenances archaïques, ethniques, religieuses ou nationalistes.

Donc, si le travail pèse moins, il pèse sur tous. Le salariat est plus court mais généralisé.

En particulier aux mamans. Les jeunes femmes ont toujours travaillé ; ce qui est nouveau, c'est le travail de masse des mamans « en activité de maman ». Autrement dit, l'enfant est devenu une question sociale avec l'arrivée massive des mamans sur le marché du travail au moment où le travail salarié devient second comme fait social. Nous avons construit une société du salariat généralisé court dans des vies de plus en plus longues. Nous avons à penser cette société, à inventer sa gouvernance et ses valeurs. L'innovation est aussi importante que celle que nous avions voulue dans la violence en 1789, en détruisant le temps religieux pour instaurer un monopole du temps de production. Le temps n'est plus au travail, mais le travail doit être à tous. Ce fut le rôle symbolique de 1968 que d'affirmer à la fois la place légitime des femmes actives et la fin du mythe salvateur du travail.

Mais ce n'est qu'à l'issue de la Révolution française que le travail a totalement structuré le fait social. Avant, les cadres du temps étaient d'abord religieux et climatiques. La décision de supprimer tous les jours fériés, y compris le dimanche, prise après 1789, visait à effacer ces cadres du temps religieux pour instaurer le temps unique du travail. Celui-ci a ordonné les hiérarchies sociales et professionnelles, tout comme, d'ailleurs, la nature ou le périmètre du pouvoir, renvoyant le religieux, jusqu'alors structurant, dans la sphère privée.

Cette construction culturelle du travail continu sera la force productive qui permettra la révolution industrielle et arrachera les sociétés aux rythmes agraires et saisonniers. D'une certaine manière, on les retrouve en Asie. Mais le XIXe siècle est en réalité un siècle double car les rentes foncières et financières, donc les élites inactives, vont être dominantes jusqu'à 1914 et même sans doute en France jusqu'en 1945[1]. La classe rentière sera encore la grande classe innovatrice de la Belle Époque et de l'entre-deux-guerres. C'est largement elle qui fabriquera, avant de disparaître, le mythe de Paris capitale culturelle du monde, lieu de la beauté et du luxe, qui nous est encore si utile sur les marchés mondiaux.

Ce paradigme du travail salarié généralisé est fondateur de notre modernité. C'est une idée à proprement parler révolutionnaire qu'on ne

1. Arno Meyer, *La Persistance de l'Ancien Régime. L'Europe de 1848 à la Grande Guerre*, Flammarion, 1983.

trouve dans aucune société antérieure. Il faudra cent cinquante ans pour généraliser ce modèle, fusionnant peu à peu les anciennes classes, diminuant la part rentière de la société, intégrant les femmes à ce projet largement masculin. Au fur et à mesure de cette transformation des femmes en actifs salariés, ce que l'on appelait « le non-travail » des femmes, c'est-à-dire s'occuper des enfants, des malades et des anciens, va devenir une question sociale de première ampleur.

Mais si tout le monde travaille, tente de le faire ou l'a fait, cela veut dire que tout le monde a acquis une culture salariale, privée comme politique. Et l'autonomie des individus se fonde sur leur autonomie économique. En même temps, cette société du travail court libère d'autres types de liens sociaux, hors travail salarié, qui sont peut-être en train de devenir dominants. Les proximités d'origine, d'études, d'activités de temps libres, de genre, d'engagement dans les échanges collaboratifs, de type d'habitat… interviennent de plus en plus fortement dans nos sensibilités politiques. Les questions comme l'immigration, la sécurité, le mariage pour tous, la place des religions, le mouvement Femen, les amap… prennent ou reprennent une place importante dans la vie publique quand les affrontements droite/gauche classiques font moins sens. Et les femmes, qui souvent gèrent les budgets familiaux, sont plus sensibles aux problèmes de revenus que les hommes, ce qui peut dans certains cas leur donner une sensibilité légèrement plus à gauche.

Parallèlement, la rente n'est plus le fondement d'un groupe social (sauf extrêmement minoritaire) comme avant la Grande Guerre, mais celui d'un groupe d'âges. Et ce groupe peu à peu prend du poids économique aussi bien sur la part redistribuée des résultats des entreprises que sur le niveau des loyers. Cela influence leur vote, moins favorable au salaire qu'au capital et très hostile aux réductions du temps de travail. Ne vivent-ils pas du travail des autres ? La construction du groupe des retraités, bientôt 30 % des citoyens, rappelle beaucoup celle de la petite bourgeoisie au début du XXe siècle. Soyons ici attentifs aux derniers travaux de Thomas Piketty[1] sur le retour d'une économie rentière et ses conséquences. Les retraités ont leurs territoires, leurs régions, leurs solidarités, leurs pratiques sociales et culturelles.

1. Thomas Piketty, *Le Capital au XXIe siècle*, Seuil, 2013.

Ils induisent une économie, un aménagement de l'espace et sont au centre de l'organisation citoyenne, dans le tissu associatif comme dans le domaine politique. Ils sont très majoritairement des électeurs de la droite même s'ils portent souvent une forte préoccupation sur le monde futur de leurs petits-enfants. Le Grenelle de l'environnement en 2008 en France leur a assez bien correspondu.

Quand le travail ne représente plus que 12 % du temps collectif, il cesse d'être aussi prédominant dans le fait social, et la principale production de normes et de valeurs lui échappe au profit de tous les autres temps vécus hors travail, ce que les sociologues appelleraient des *habitus* – école, famille, télévision, érotisme, culture, vacances, loisirs, sport, jardinage, bricolage… Ceux-ci développent des codes sociaux et culturels novateurs de plus en plus concurrents des valeurs du monde du travail et de ses productions politiques. En particulier, le débat entre capital et travail devient de moins en moins structurant même s'il contribue encore largement à organiser le champ politique. L'attachement au travail est peu concerné par ces évolutions, mais la structuration du champ politique par des acteurs sociaux coalisés recule. L'autonomie de l'acteur dans son temps libre prend le pas sur la position hiérarchique traditionnelle de l'acteur dans le monde économique. Et le monde du travail, en particulier en France, devrait y être attentif car sa rigidité culturelle bride la créativité des travailleurs. Toutes les études montrent que les Français sont très attachés à leur travail ; ce sont eux qui assimilent le plus leur identité à leur métier et ils affichent parmi les plus hauts niveaux de productivité. Pourtant, la période active de la vie est perçue comme la période la plus angoissante. On est surtout heureux avant 20 ans et après 60. Pensons ici aux travaux très stimulants de Claudia Senik[1], qui insiste sur la particularité de la dépression française. Elle écrit : « Il existe une sorte de malthusianisme social en France. On fonctionne toujours comme si la massification scolaire n'avait pas eu lieu : résultat, l'élite est trop mince… L'élite française doit passer par une porte trop étroite, ce qui est source de stress… surtout quand la mondiali-

1. Claudia Senik, déjà citée : *The French Unhappiness Puzzle : the Cultural Dimension of Happiness*, École d'économie de Paris, 2011 (« Le mystère du malheur français : la dimension culturelle du bonheur »).

sation ne fait qu'accroître la concurrence entre les individus. Il faut donc donner à davantage de jeunes Français les moyens de cette concurrence. » En outre, le recul économique de la France ne fait ensuite qu'accroître la concurrence pour les places et les postes dans les entreprises.

Nous sommes face à un immense besoin de réorganiser notre lecture de la société. Notre école ne pense pas suffisamment mondialisation, le monde du travail reste archaïque dans ses hiérarchies, ses partages de responsabilité, sa valorisation. Et par ailleurs nous valorisons le tourisme, les temps libres, les loisirs, les vacances. Nous avons inventé les trente-cinq heures, mais nous ne les avons pas pensées comme nouveau modèle temporel familial novateur. Cette mesure pensée par la CFDT dans l'après-68 était un projet féministe de partage du travail *dans les couples* pour faire une place à l'enfant dans l'autonomie économique des femmes. Le parti socialiste en a fait *un partage social du travail,* ce qui n'a pas le même sens. Et la droite s'est engouffrée dans la brèche. Cette erreur de positionnement intellectuel de la réforme a permis à la droite de devenir le camp du travail, maintenant même le Front national s'est déplacé sur cette problématique. La gauche a perdu une part de la valeur travail qui la fondait au moment des trente-cinq heures. Personne n'ose plus défendre cette mesure et dire que la réduction du travail dans la semaine est la base d'une société bi-active. Mais que, par contre, l'allongement du nombre d'années de travail dans la vie est une nécessité pleine d'intelligence.

La France est un pays de cadres – et donc d'encadrement – nombreux, et d'auto-organisation des temps libres : cette contradiction et l'usure d'une société formatée à vivre avec un chômage fort, contribuent à disqualifier la valeur même du travail et en font un enjeu politique violent. Il faudrait une sortie par le haut de ces débats, par exemple en pensant le nombre d'heures de travail sur la vie, quarante-quatre ans à trente-cinq heures, soit en moyenne soixante-dix mille heures à répartir au gré des aventures de chacun et des cycles économiques. Ramenant ainsi à un autre chiffre qui peut faire projet politique après la retraite à 60 ans de 1945 : travaillons tous *a minima* 10 % de notre vie (soixante-dix mille heures sur sept cent mille – temps global) et, quand la vie s'allonge ou raccourcit, faisons évoluer le temps de travail sur cette base-là.

Cette démocratisation de la multi-appartenance a d'ailleurs engendré des petites niches de mono-appartenances, de mono-pratiques. Ce n'est pas le moindre des paradoxes. Pourquoi dans les quartiers dits difficiles ou à forte concentration immigrée voit-on grandir le fait religieux ? Parce que s'y adonner ou, plus globalement, faire ressurgir l'héritage ancestral, ce peut être l'ultime moyen d'exister lorsqu'on ne possède rien d'autre. La foi, c'est la richesse du pauvre. Et puis « nous » avons tendance à enfermer « l'étrange étranger » dans sa culture d'origine parce qu'on ne sait pas le traiter comme un individu avec des problèmes sociaux. Si nous pensions cet « étrange étranger » d'abord comme un chômeur, un jeune en révolte, une femme seule, un vieux perdu, nous vivrions mieux.

La question qui nous est posée, une fois acceptée cette place nouvelle et limitée du travail et de ses systèmes de création d'appartenances et de solidarité, c'est de nous plonger dans les 88 % de notre temps où on ne travaille pas pour comprendre ce qui s'y joue. Et comment. Et pour qui. Car certains discours qui font de nos sociétés des sociétés du non-travail et du non-effort, du transat et du temps perdu, s'apparentent aux discours, au XIXe, sur le temps de repos des ouvriers qui les amenait au café, au bordel et à l'alcool. Le temps hors travail est devenu le moteur de la productivité et de l'innovation parce qu'il nous relie en société post-industrielle, nous stimule et favorise le développement de notre capital social collaboratif et de notre art de vivre.

Liens sociaux et sociétés des *habitus* et des identités

Les liens qui se sont affaiblis au travail se sont heureusement largement reconstruits dans le hors-travail et dans le monde numérique. Jamais en réalité nous n'avons été autant liés. Et je ne résiste pas au plaisir de rappeler que nous faisons six fois plus l'amour que nos grands-parents. Donc oui, les liens à l'intérieur du processus de travail sont plus faibles, et ce y compris parce que les réductions du temps de travail de la semaine de quatre-vingt-quatre heures du XIXe siècle à celle de trente-cinq heures sont en partie liées à la suppression des temps de sociabilité au sein de l'entreprise. Mais à l'époque où l'on travaillait 70 % de son temps éveillé, heureusement qu'il y avait des liens au travail ! Maintenant, le cœur de nos liens est dans les 88 % de notre temps où on ne travaille pas. Basculement gigantesque qui signifie que nous avons plus de liens interpersonnels et que nous les choisissons, ce qui est évidemment essentiel et nouveau. Comme nous choisissons nos conjoints.

Encore quand j'étais étudiant, je me souviens du moment « humain » très fort des vendanges. Tout le village se retrouvait, c'était l'opportunité d'un formidable brassage d'individus mêlant immigrés, femmes de commerçants, étudiants, marginaux, chômeurs. Ce collectif hétérogène vivait (et goûtait à) la différence et au partage. Les machines ont pris le relais, et ce lien humain a disparu. Dans les usines ou les champs, une même évolution s'est imposée. Je crois que les solidarités issues des procès de travail ne tiennent plus la même place et nous en sommes souvent un peu nostalgiques. Ces liens forts – et rigides – organisaient toute la société autour des formes et des hiérarchies données par le travail, y compris famille et cité politique. Le délitement de ces liens forts a ouvert sur une multiplication des liens plus faibles, plus souples, plus autoproduits. On a gagné en liberté et autonomie, avec un risque de solitude. On a gagné en liens horizontaux souples au détriment des liens verticaux rigides.

Au cœur du changement social, on trouve donc la transformation du processus de travail, et parallèlement le développement du temps libre. Ceci est l'extraordinaire réussite du modèle social européen, principalement fondé sur la santé, l'école, la démocratisation de la connaissance et la diminution de la violence. Cela concourt d'ailleurs au découpage du savoir et des revenus. On peut désormais être extrêmement diplômé et exercer un métier simple, au nom de priorités personnelles assumées ou subies, grâce auxquelles un tel choix n'apparaît pas déshonorant.

Nous faisons face à une rupture. Longtemps, les sociétés ont travaillé à augmenter notre masse de temps disponible et à en accélérer l'usage. Elles se sont battues pour la santé, la retraite, l'éducation, mais sans ambitionner un tel allongement de l'espérance de vie qui s'est finalement imposé de lui-même. Parallèlement, avec les nouvelles technologies, la vitesse est devenue la règle. Cette course au temps individuel long et à multi-usages va se poursuivre car elle est la vie même. Elle n'a jamais été un objectif en soi, mais elle a été une conséquence de nos luttes sociales et des progrès des savoirs et des technologies. Je crois que nous sommes, pas à pas, en train de prendre conscience de ce temps long accéléré et de nous poser le problème du pouvoir et des usages de ce temps-là. Quels sont les moyens de déplacements qui se développent le plus en ville ? La marche ou la bicyclette, donc les plus lents. Que voit-on s'étendre en premier lieu dans les concentrations urbaines ? Les espaces verts, les rivages, les berges. La bataille entre la vitesse et la profondeur est ouverte. Il ne s'agit pas de ralentir les évolutions mais de les maîtriser et de parfois savoir faire l'éloge de la lenteur[1], ou du vide. La randonnée ou le yoga ne sont pas ennemis du TGV mais complémentaires. Reste la question essentielle du temps long commun comme projet si, en réalité, c'est notre temps long privé qui est devenu l'objectif de chacun. Pour l'instant, le commun est immédiat, d'où les discours sur la fin de l'histoire. Il faudra y remettre de l'histoire longue, et elle sera d'abord écologique et identitaire.

1. Pierre Sansot, *Du bon usage de la lenteur,* Payot, 1998.

Citons l'appel à contribution pour un colloque international organisé en 2013 par Michail Maiatsky à la section de philosophie de l'École des hautes études à Moscou[1] : « La crise du capitalisme industriel et du système tayloriste-fordiste ne préfigure pas "la fin du travail", mais sa mutation profonde. Celle-ci concerne avant tout les coordonnées spatio-temporelles de l'acte productif : les espaces de la production dépassent les murs des usines, la frontière entre-temps du travail et temps libre devient floue et poreuse. Jusqu'ici la société judéo-chrétienne voyait dans le travail le gage de l'expiation et de la rédemption. Quel scénario de l'"économie du salut" la société du travail raréfié et profondément métamorphosé peut-elle proposer à un prolétariat précarisé ? Loin de servir exclusivement à la récréation, le temps libre pourrait permettre d'amplifier ses connaissances, de développer son réseau social, de s'adonner à une passion, bref, d'œuvrer pour son émancipation du travail, ou bien encore de construire sa subjectivité

1. Michail Maiatsky, Entre travail et loisir : vers une nouvelle « économie du salut » ?, Moscou, 26-27 novembre 2013, *École des hautes études en science économique (HSE)*, Moscou, Russie.

pour éventuellement mieux la “revendre” sur le marché du travail ! Par de multiples biais, le temps libre devient un temps productif. Suite à la rupture politique radicale intervenue au seuil des années 1980-1990, ces changements sont accompagnés, en Russie, par des métamorphoses identitaires : en effet, de plus en plus, les identités civiques, économiques et professionnelles de jadis cèdent la place à une stratification selon les *habitus* : pratiques comportementales, consommatrices et culturelles. Cependant, une civilisation peut-elle reposer sur les loisirs ? Sur la solidarité réticulaire et la connectivité permanente ? Sur une coopération de micro-projets ? Sur une auto-réalisation à partir du “revenu d'existence” ? Les pratiques culturelles et micro-politiques corroborent-elles les promesses politiciennes régulières de “reprise” et, en Russie, de retour à une économie basée sur la haute technologie ? »

Cette citation est un peu longue, mais elle montre que les questions que nous nous posons ne sont ni exclusivement françaises ni réservées aux pays à niveau de vie élevé. La place du travail a changé, partout, mais ce changement n'est pas porté politiquement. La gauche, camp historique de « la libération du travailleur face à l'exploitation », est devenue muette. Et la qualité des temps libres, avec les *habitus* qu'elle génère et organise, devient un élément à la fois de la qualité de vie, des liens sociaux et de la productivité de l'acte de travail salarié lui-même. C'est là où l'univers numérique nous est d'un grand secours, au niveau de l'acte créatif et productif lui-même, mais aussi comme moteur puissant d'un modèle social collaboratif inventeur de solidarités, d'échanges et de services, voire de revenus complémentaires. Le modèle social collaboratif devient ainsi un substitut, un complément, peut-être dans certains cas un adversaire individualiste et souple, du modèle social d'État construit depuis un siècle. Il peut aussi être sa source de rénovation, comme pour l'enseignement, de renouvellement et de dégraissage du mammouth social, aurait pu dire Claude Allègre.

Est-on plus heureux ?

Évaluer l'écart de bonheur entre les époques signifierait connaître la consistance, les critères, les lieux, les manifestations du bonheur d'un siècle à l'autre. Or, en la matière, nous manquons de connaissances. Mais l'importance historique des luttes pour réduire la part du travail, l'acceptation rapide des progrès techniques qui le favorisent, le refus du travail par les élites aristocratiques ou petites-bourgeoises…, tout cela permet de dire que le travail continu imposé est rarement recherché.

Ce qui est très net en revanche, c'est la force du sentiment de bonheur avant la période travaillée, et après. Les moins de 20 ans et les plus de 60 ans sont les plus heureux. À 70 ans, 89 % des Français se déclarent heureux[1]. Autrement dit, quand on est à 100 % de sa vie hors travail et que l'on ne craint plus le chômage, le bonheur augmente. Il augmente aussi entre la France et l'Allemagne, où si 75 % des Français se déclarent heureux, on est à plus de 80 % en Allemagne. Il est de bon ton souvent de se moquer de ces études sur le bonheur. Pourtant, elles nous disent bien que l'art de vivre est d'abord hors travail et que le chômage crée un stress détruisant l'idée de bonheur. Cela nous indique que la gestion

1. ViaVoice pour *Le Monde*, 9 juillet 2013, échantillon de 1000 personnes.

de la société avec un chômage fort et permanent est destructrice pour les individus comme pour la société, et qu'il y a un immense effort à faire pour repenser le monde du travail une fois qu'on aura intégré que l'art de vivre dominant est maintenant dans le hors-travail. Il va falloir intégrer aux procès de production les savoir-faire et les attentes du hors-travail – autoproduction, rythmes aléatoires, place de l'enfant, cercles de solidarité, discontinuités…

Tant que nous évoluions dans une société du travail, nous étions mécaniquement dans une logique de progrès et d'innovation. Le progrès servait la condition philosophique et matérielle de l'homme. Et chacun avait à choisir entre deux doctrines : libéralisme ou socialisme. Finalement, tout était assez limpide. Le délitement de toutes ces idéologies assèche l'existence de ce sens profond. L'art de vivre, le plaisir et la jouissance immédiate tiennent alors le haut du pavé…, mais cela ne suffit pas à faire sens pour un projet commun. Même si – et pour cette raison hédoniste, je maintiens mon affection à l'égard de mai 1968 – j'ajouterai, peut-être un peu crûment, que cette époque post-idéologique a aussi valorisé la démocratisation de l'érotisme.

Autrefois, chez l'immense majorité des citoyens, pour la plupart paysans ou issus des couches populaires, la pratique sexuelle était très aléatoire et extrêmement peu importante. Dans *La Vie d'un simple*, d'Émile Guillaumin[1], le père dispense son fils de travail un seul dimanche après-midi, le temps de trouver… une épouse. Nous pouvons tous aujourd'hui espérer vivre une vie sentimentale comme Louis XIV ou George Sand. Cessons donc de croire que les sociétés écrasées par le travail avaient plus de sens ; d'ailleurs, les élites étaient souvent inactives. Mais battons-nous pour enrichir les temps de non-travail en création, événements, rencontres… Les longs temps libres doivent devenir une richesse qui favorisera la créativité et la productivité des temps courts de travail.

L'hédonisme vise à une satisfaction privée. À ce titre, il entretient l'une des caractéristiques du monde contemporain : la réussite individuelle est survalorisée, alors qu'en réalité elle n'est rien sans la considération, l'appui, l'intervention de l'autre. Écoutons Jean-Luc Nancy,

---

1. Émile Guillaumin, *La Vie d'un simple*, première édition : Stock, 1904.

encore, quand il dit : « Tout a commencé au pluriel, c'est le seul présupposé possible. Donc le commun, dans notre histoire est premier. Le particulier, l'individu, surgit toujours plus tard, très tard[1]. »

Mais croire que la société de vies longues et de travail court serait une société appauvrie en valeurs et en sens, livrée à des instincts grégaires, est une vieille idée réactionnaire. Le travail n'est pas le but de l'homme, et si l'empereur Constantin dispensa « les pauvres de repos » quand il a imposé le christianisme à l'Empire romain, c'était bien pour protéger le repos des classes supérieures. Il est assez surprenant que l'on fasse encore du travail le but même de l'existence, comme si la philosophie du salut par le travail imposé au peuple était devenue la valeur suprême. Le travail peut être un des buts de la vie, bien sûr, surtout dans la mesure où il procure un revenu économique et d'immenses joies, du moins pour certains. Mais ce n'est pas « le » but pour tous. Aussi faut-il régénérer le sens des temps de travail, et son statut trop souvent précaire de manière non voulue, mais la

1. *In* Nicolas Truong (dir.), *Résistances intellectuelles, op. cit.*

lutte sournoise des tenants du « travailler plus » est une tentative désespérée de rééquilibrer les coûts de production en France avec des pays à bas coûts de main-d'œuvre. Si la logique économique est compréhensible – même si je la crois à courte vue –, la lutte idéologique à l'œuvre, qui voudrait faire croire que le non-travail est source de vide et de vice, est profondément réactionnaire. Elle reprend des vieux thèmes classiques des droites européennes.

Cette société, où les évolutions technologiques sont si rapides, où les échelles de temps et d'espaces sont si continûment bousculées, est une société où les processus d'apprentissage, de découverte et de redécouverte tiennent des places sans cesse croissantes. Là est le vrai rôle des temps de non-travail. Art de vivre sans doute, mais aussi capacité à rester « dans le coup ». C'est pourquoi nous devons être très attentifs à la qualité des temps de non-travail, pour le maintien d'un corps en bonne santé et d'un esprit vif et créatif.

L'âge jeune

Dans ce type de société, l'âge jeune s'allonge – du fait des études, mais aussi du fait de la longueur et de la complexité des apprentissages à faire pour devenir adulte dans des sociétés hypercomplexes. Si on définit le fait d'être adulte comme « avoir un travail et un enfant », on constate que l'âge adulte s'est décalé de près de dix ans à la fin du XXe siècle. Cette longue période d'incertitude et d'expérimentation de la jeunesse ne serait-elle pas le moment où nous avons placé les sept années gagnées en espérance de vie depuis 1981 ? On pense spontanément que « la vie en plus » doit être rajoutée à la fin. Je pense qu'en réalité on l'a mise au début, mais dans un grand désordre des désirs et des projets. Et ne portons pas sur ce long démarrage un regard de vieux, malgré un taux de chômage des non-étudiants élevé : les jeunes sont plutôt heureux et optimistes.

L'ordre des initiations a été bousculé. La vie érotique se libère dès le lycée et devient intense avant même le premier emploi et la stabilité du couple – ce qui n'était pas le cas jusqu'à présent. La question n'est pas seulement celle de l'âge

« de la première fois », elle est aussi celle de la densité précoce des pratiques. D'ailleurs, peu à peu, nous acceptons la sexualité de nos jeunes au domicile familial, ce qui était l'exception même après 1968… et même chez les parents soixante-huitards. Hier, il fallait un emploi pour avoir un logement et ensuite fonder une famille. Aujourd'hui, la vie sentimentale active commence au lycée, le couple se stabilise souvent avant le premier emploi stable. Nombre de jeunes couples diplômés viennent par exemple s'installer dans le sud de la France vers 25-27 ans dès que l'un des deux a un emploi. Si le second, souvent la jeune fille, trouve un emploi sur place, ils font leurs premiers enfants. Sinon, il y a un nouveau départ vers une autre région. Environ trente mille jeunes couples tentent ainsi leur chance chaque année entre Nice et Perpignan à partir des autres régions de l'hexagone. Le processus est souvent le même pour les jeunes qui partent vers l'étranger. Plus souvent qu'on ne le croit, à partir de nos banlieues.

À l'inverse, pensons l'exclusion renforcée des jeunes qui restent dans les banlieues, vivant dans des familles traditionnelles et dont beaucoup sont décrocheurs scolaires précoces, n'ont pas d'emploi stable et bien sûr pas de logement à eux. Ici, le modèle traditionnel fonctionne encore : pas de travail, pas de logement, pas de vie sentimentale. Mais que fait-on pour favoriser la décohabitation de ces jeunes ? Quand comprendra-t-on que, là aussi, le logement et le lit peuvent favoriser le couple et, partant, le désir d'emploi stable, au moins autant que le travail favorise le couple ? Je crois qu'il faut favoriser l'exode des jeunes des banlieues comme hier on a dû favoriser l'exode rural. Et ce dès le collège et, en tout cas, à l'adolescence. Sur l'île de la Réunion, chaque jeune bachelier a droit à un voyage en métropole. Ne pourrait-on généraliser ce principe pour notre jeunesse défavorisée : un tour de France et d'Europe en dix jours à 16 ans ?

Au lendemain de la Seconde Guerre mondiale, nous avons inventé l'adolescence. Il faut aujourd'hui penser jeunes adultes, de 18 à 28 ans. Cette nouvelle période de vie est celle des explorations – étudiantes, géographiques, sexuelles, etc. Et c'est désormais à près de 30 ans qu'intervient la stabilité affective et professionnelle. Ces jeunes adultes expérimentent le monde et leur monde. Un monde dur pour les plus défavorisés – même s'il faut cesser d'assimiler les étudiants à des pauvres car ils sont en période d'investissement ! –, structurellement discontinu et mobile, et que bouleverse la montée en puissance d'une population senior dont une partie aspire à travailler et à avoir une utilité sociale. C'est entre 20 et 60 ans que les Français avouent être les plus angoissés et donc nécessairement plus en retrait des enjeux altruistes et citoyens. Comment pourrait-il en être autrement puisque c'est dans cette période que sont concentrés tous les enjeux, tous les efforts, toutes les échéances, tous les échecs – familiaux, professionnels, financiers ? Le paradoxe est que le cœur le plus créatif de la société est celui qui est le plus en souffrance. Ne faut-il pas, puisque nous sommes de plus en plus structurés par le hors-travail, reformater d'abord les passages entre travail et hors-travail, garde des enfants, souplesse des horaires, discontinuité des intensités, travail en groupes choisis…, ce que souvent les petites entreprises réussissent assez bien, expliquant par là même leur dynamisme ? Les changements d'échelle et de vitesse qui sont devant nous sont une chance à saisir pour la jeunesse. Immense. Notre rôle est de le leur dire et d'ouvrir des portes. Edgar

Morin, Stéphane Hessel, Michel Serres ont déjà fait là du bon boulot.

L'allongement de l'espérance de vie et la réduction de la part du salariat vont leur permettre, en permanence, de retenter leur chance, multipliant les aventures – affectives, professionnelles, géographiques, etc. Fini le temps où tout était figé et prédestiné, où la compression du *temps* de vie interdisait d'oser, de risquer les *ruptures* de vie. L'existence, nous la bâtissons désormais de manière morcelée, en alternant des séquences longues et d'autres de plus en plus courtes. Ainsi se structure la société, ainsi également prospère le ressort de la modernité. Reste une interrogation : qui choisit et qui subit toutes ces ruptures, y compris géographiques ? Car cette société est aussi celle de la solitude de ceux qui ont raté une marche.

Une société de mobilité

Ces mues des liens sociaux et spatiaux sont favorisées par le développement extraordinaire de nos mobilités physiques et numériques. Au fil du XXe siècle, nous avons tenté de résoudre l'écart entre notre temps disponible et les offres de vivre par une accélération constante des distances parcourues et des vitesses. Dans les déplacements physiques bien sûr, mais aussi dans les déplacements virtuels. Pour tenter d'*en faire le maximum*, au travail comme dans les temps libres, nous avons engagé une course de vitesse – et d'accumulation – dans le réel comme dans le virtuel, quasiment sans fin. Nous sommes ainsi entrés dans un temps planétaire instantané où, dans la seconde, toute partie du monde nous est accessible par le son et l'image. Et nous parcourons en moyenne par jour en France plus de 45 kilomètres. Ce, bien sûr, sans parler des kilomètres virtuels, par exemple ceux d'un journal télévisé. Plusieurs milliers de kilomètres pour le JT de 20 heures ! 2,7 milliards d'humains sont en 2013 déjà connectés par téléphone portable et par internet. Qu'est-ce qu'un voisin, un compagnon de travail, un groupe social ?

Mais cette société de mobilité n'est pas qu'affaire de kilomètres. On peut même analyser les kilomètres parcourus comme *les traces* que laisse cette nouvelle culture dans les statistiques et les territoires. En réalité, la mobilité et la vitesse sont partout : quand on téléphone ou quand on écoute la radio en conduisant, quand on zappe devant son écran, quand on utilise une sorte de sabir anglais pour communiquer avec tous les peuples sans avoir à apprendre d'autre langue, quand on diminue la durée quotidienne du sommeil de presque deux heures, quand on mange en restauration rapide, quand on réduit les préludes amoureux… et bien sûr quand on restreint de façon radicale la part de notre vie consacrée au travail.

Ne pas partir en vacances, n'avoir jamais vu la mer ou la tour Eiffel, les Alpes, ne pas franchir de frontières, n'avoir jamais pris le train ou le TGV, épouser sa voisine, reprendre le travail de son père…, toutes ces choses sont devenues rares alors qu'elles étaient la norme au milieu du siècle précédent. Il s'agit là d'une rupture profonde avec les temps anciens qui marque une nouvelle étape de l'aventure humaine. On peut multiplier les indicateurs de cette société de mobilité : 53 % des bébés naissent hors mariage, 10 % des Français déménagent chaque année, on change d'employeur tous les onze ans et deux mois, 60 % des Européens partent en vacances, 48 % des retraités rêvent de déménager au moment de prendre leur retraite… et 61 % des électeurs ne travaillent pas dans la commune où ils votent, ce qui fonde *la démocratie du sommeil* dans laquelle la France est enfermée. L'un des grands enjeux de cette société de mobilité est de construire des lieux aléatoires de rencontre : pour faire société ensemble, au moins par moments, nous avons besoin de partage et de commun – événements, lieux, valeurs, souvenirs.

Ces lieux aléatoires de rencontre sont le cœur de la créativité, en particulier au centre des grandes métropoles et dans les grandes firmes. Le processus me paraît le même dans ces deux types d'organisations humaines, où la société collaborative se superpose à la société charnelle. La puissance vitale de ces deux organisations devient considérable et c'est pourquoi le monde se réorganise peu à peu autour de ces deux moteurs de développement qui structurent les territoires et l'économie. La chance de la France est d'avoir, avec Paris, Lyon et Marseille-Provence, trois métropoles-monde et de posséder des firmes-monde dans ses domaines d'excellence, la production de biens publics (eau, assainissement, ponts, routes, énergie, santé, armes, transports en commun...) et la production de biens incarnant l'image culturelle mondiale de France (luxe, communication, biens culturels, tourisme).

Ce modèle de « densité sociale » liant charnel et collaboratif nous ouvre une voie que nous devons tenter de favoriser là où les densités sont moindres. Entre des individus qui se renouvellent sans cesse, parce qu'ils se déplacent au fil de la journée, de la semaine, de l'année ou de la vie, comment construire des lieux aléatoires de rencontre ? Certaines villes, certains pays le font merveilleusement bien, d'autres non. Et comment ne pas laisser ces lieux aléatoires de rencontre se confondre avec les lieux marchands ? Comment en créer qui relèvent de la citoyenneté, de la culture, de la pure joie de faire humanité ?

Les grands lieux, les grands moments du tourisme, de la culture, des fêtes, du sport, des événements historiques, de la politique..., sont ici des marqueurs nécessaires. La dynamique du loisir et du tourisme joue un rôle déterminant car, au-delà même des usages et des consommations, ils sont, dans cette réorganisation globale par les modes de vie, les grands marqueurs du territoire. Ici, l'économie « présentielle » ou résidentielle, chère à Laurent Davezies, doit être étudiée avec finesse, territoire par territoire[1]. Différentes

1. Laurent Davezies, *La République et ses territoires : la circulation invisible des richesses*, Seuil, 2008.

mobilités, formant entre elles système, s'agrègent ou s'excluent, se heurtent ou s'allient.

C'est ainsi que nous sommes entrés dans une culture de la discontinuité, un monde vécu en archipel, et que nous sommes passés de vies structurées par grandes étapes successives à ce que Pascal Bruckner appelle « des vies romanesques ». Peu à peu, les êtres massivement sédentaires que nous étions, avec une petite élite mobile, des saisonniers transhumants et des nomades pauvres, ces êtres sédentaires sont devenus des êtres mobiles que l'on peut classer en fonction de leur capital spatial et des distances parcourues. Ce qui montre que la question de la démocratisation de la culture de la mobilité reste d'actualité et que l'éducation au capital spatial, et sa mise en partage, restent devant nous. Il nous faut donc mener de front deux politiques, sans doute contradictoires : favoriser la démocratisation de la mobilité et nous interroger sur ses impacts écologiques, sociaux et spatiaux. Car l'inégalité d'accès au capital spatial, l'inégalité subie face à la mobilité, sont devenues des éléments centraux d'exclusion sociale et culturelle.

En effet, comment intégrer quelqu'un qui n'est jamais sorti de son quartier, qui n'est jamais parti en vacances... ? Comment voulez-vous faire accéder au marché du travail, à la rencontre non communautaire, à la mobilité professionnelle, ces parts sédentarisées – ou re-sédentarisées – de la société ? Le danger est que celle-ci se scinde entre des quartiers ghettos qui retiennent des minorités (et que beaucoup d'entre nous ne tiennent pas forcément à voir dans la ville), et des centres-villes destinés aux élites à haut niveau de vie et aux couches moyennes supérieures.

La société de mobilité est aussi une société du tri social accéléré qui « stocke » les populations les plus fragiles dans des lieux non désirés (urbanisation sociale des années 1960, zones rurales dégradées et régions du deuil industriel) et favorise une urbanité mobile que nous pourrions résumer dans un modèle vélo-tramway-TGV-*Low Cost*. Cette urbanité mobile a comme bases principales les villes centres de métropoles, les villes moyennes et petites, où la qualité de vie est bonne, et les nœuds de la toile TGV, avec une prime aux régions touristiques sur les anciennes régions industrielles du XIXe siècle. Nous avons affaire à un risque de rupture territoriale et sociale dangereuse[1], d'autant qu'elle recoupe pour partie des trajets migratoires différents et fabrique des ghettos, non seulement économiques mais aussi culturels et religieux.

Pour se déplacer, il faut espérer que l'ailleurs soit différent. Cette conviction est un préalable à l'acte physique du déplacement, qu'il soit ponctuel, momentané ou définitif; dans le proche comme dans le lointain. C'est cette conviction qu'il a fallu peu à peu construire aussi bien pour développer le tourisme que pour soutenir l'exode rural dans les vieilles sociétés rurales – comme l'explicite Hervé Le Bras[2] –, les deux phénomènes étant en partie parallèles en Europe car ils ont connu leurs développements simultanés à partir du milieu du XIXe siècle. C'est encore cette idée de « l'ailleurs différent » qui met en mouvement les immigrants pauvres des pays du Sud vers nos pays, aussi mal que nous traitions en réalité ces « arrivants du soir » dont parle Youssef Seddik[3].

---

1. Christophe Guilluy, *Fractures françaises*, éd. François Bourin, 2010.
2. Hervé Le Bras, Emmanuel Todd, *L'Invention de la France. Atlas anthropologique et politique*, Gallimard, 2012.
3. Youssef Seddik, *L'Arrivant du soir. Celui qui frappe à la porte de l'Europe*, l'Aube, 2011.

Il faut accepter que cette société de mobilité a succédé à des milliers d'années de sédentarité *et* de conquête ; les deux étant inséparables, car la conquête succédait souvent par nécessité au surdéveloppement de la population sédentaire. Puis la terre fut tout humanisée. Mais d'abord sans que les hommes le sachent car chacun vivait souvent en ignorant les autres. Puis l'homme a, pendant le dernier demi-millénaire, reconquis ce qui était déjà humanisé pour organiser l'humanité rassemblée ; ce fut très souvent avec des violences extrêmes, des colonisations injustes, des négations de l'humanité même de l'autre, jusqu'à la mutilation radicale de lui-même que constituent les génocides et dont la Shoah est le moment ultime. Enfin, le respect réciproque des cultures s'est quasiment imposé et la mobilité est venue permettre d'habiter un territoire/terre totalement repéré, connu et imaginé. Il est question dorénavant de parcours rapides dans un territoire commun clos et limité. Il n'y a plus d'extérieur, ni de migrations vécues comme sans retour. Nous parcourons un « déjà-parcouru », « déjà-représenté », « déjà-imaginé ». Et nous pouvons le parcourir de plus en plus vite justement parce qu'il est déjà connu, et donc plus facilement appréhendé, avec des codes standardisés qui facilitent le voyage. Le voyage est ainsi la face humaine de la mondialisation – régulée par quelques guerres ponctuelles.

Mais cette mobilité accélérée a télescopé des cultures construites chacune pour soi. Leur voisinage est devenu quotidien, permanent, là où elles avaient appris à voisiner dans une certaine lenteur des échanges, ouvrant à des tensions identitaires manifestes. Cette mobilité a, dans le même temps, contribué par son besoin sans cesse croissant d'énergie à accélérer les relations de prédation de l'humanité sur la nature. Crises identitaires et crise écologique résultent ainsi du succès de la régulation sociale. Elles peuvent en devenir les adversaires si nous n'y prenons garde. Elles ouvrent en tout cas à la nécessité de régulations nouvelles des relations entre systèmes d'appartenances et à une réduction des effets négatifs des mobilités physiques… Réduction à penser en même temps que démocratisation, ce qui ne simplifie pas les choses.

Reste que le XXe siècle a associé les idées de mobilité, de liberté et d'individus. C'est ce lien entre individu, liberté et mobilité que nous devons démocratiser, généraliser. Et ce qui caractérise les régimes autoritaires – cela pourrait presque servir à les définir – c'est qu'ils commencent par attaquer le principe de la mobilité : limitation des passeports, des connexions internet et du droit au changement politique. Les régimes démocratiques pourraient être définis, eux, par la capacité à circuler librement dans tous les espaces et les temps.

Aussi faut-il faire très attention avec l'idéologie du développement durable qui nous entoure : il existe un risque à ce que l'on prétende, au nom du droit à la vie des générations futures, restreindre le droit aux mobilités des individus d'aujourd'hui. Alors que la question de notre futur démocratique est de diminuer les mobilités contraintes et de réduire les pollutions des mobilités choisies dont la démocratisation doit continuer. À nous d'inventer les moyens et les outils des mobilités choisies et de travailler à produire des organisations spatiales moins contraignantes. Autrement dit, de trouver de nouvelles marges à notre intarissable demande de liberté pour que les citoyens puissent s'en saisir. À ces conditions politiques, une société des mobilités durables démocratiques pourra advenir.

Mais elle ne pourra se bâtir sur la substitution des mobilités physiques par des mobilités numériques. Les deux forment couple, au niveau individuel comme au niveau des entreprises. Et le cœur de la création de richesse de ce modèle, ce sont les métropoles et les grandes firmes, voire les universités en position d'incubateur économique, car ce sont des lieux d'intensification des échanges et des stimulations territoriaux, charnels *et* numériques. Tout est dans le « et ». Chacun de ces lieux d'hyperdensité des flux est certes inscrit dans un espace plus vaste, PME, PMI, classes préparatoires, extra-urbain et petites villes, y compris départements verts et espaces de vacances et de loisir. Mais la création de richesse se concentre dans ces *hubs*. Il faut lire Pierre Veltz[1]. Aussi retrouve-t-on, en arrière-plan des processus de création de richesse, les grands traits des cultures nationales qui portent les firmes, et les grands traits des cultures territoriales locales qui portent les métropoles. Cette société numérique émergente n'est pas sans lieux parce qu'elle invente du lien. À l'inverse même,

1. Pierre Veltz, *Paris, France, Monde. Repenser l'économie par le territoire*, l'Aube, 2012.

elle choisit ses lieux pour leur qualité de vie, leur qualité d'études, leurs systèmes de déplacements, la main-d'œuvre… Et bien souvent, dans cette époque de l'art de vivre, les grandes régions de tourisme l'attirent plus que d'autres. Pensons à la Californie, au sud de la France, à Barcelone… C'est pourquoi le développement passe autant par des investissements dans le tourisme que dans l'éducation ou le capital des entreprises. Ils sont devenus inséparables en matière de développement, et la France a ici des atouts considérables.

Si l'on regarde le sujet autrement, on peut dire que les métropoles ont organisé à leurs périphéries des réserves d'habitants utiles au fonctionnement et à l'entretien de la métropole, sorte de marché du travail de la sécurité, de l'entretien et de la propreté, quand les firmes, avec un chômage fort, favorisent le blocage des coûts de production. Il y a, me semble-t-il, une double logique de fabrication de la précarité qui se mélange, ou non, suivant les territoires. Ainsi, autour de chaque pôle de création de puissance et de richesse, s'est organisé un salariat précaire utile à son bon fonctionnement. Les « quartiers » concentrent plutôt la précarité d'utilité métropolitaine, avec une forte dynamique d'immigration, quand le périurbain pavillonnaire est d'abord le territoire des ouvriers des industries et des firmes. La majorité des ouvriers vivent d'ailleurs à la campagne.

Il faut sans doute allier de nouvelles grandes forces au niveau des métropoles, des firmes, des *habitus* partagés, des continents ou des cultures. Mais nous ne savons pas le faire et pour l'instant les pouvoirs verticaux font encore illusion avec leurs représentations archaïques du monde. Au moment des élections, ces grands corps malades, comme dirait Bernard-Henri Lévy, se dressent et cristallisent un court moment nos désirs de spectacle et d'espérance. Mais dès le lendemain de l'élection, la chute commence, vertigineuse, puisque ce n'était qu'un leurre. Mais comment faire autrement ? Il faut bien des joueurs pour jouer la partie, et le monde a besoin chaque jour de millions de décisions. Nous n'avons pas inventé l'*e*-politique, sauf pour générer des révoltes.

La nouvelle mise en scène du monde

Le tourisme est en lui-même un facteur fondamental de cette métamorphose, comme activité culturelle et économique majeure, mais aussi comme producteur de mise en désir des lieux, de normes et de valeurs. Il conditionne le contenu du non-travail et révolutionne la cartographie de l'économie, des transports, de la démographie, puisqu'il détermine l'image, la notoriété, l'attractivité des territoires. Il permet de ressusciter des zones abandonnées et contribue indirectement à en paupériser d'autres, il permet d'embellir des villages et d'enlaidir des collines, il permet d'élever la connaissance, les savoirs, la culture de certains et enveloppe d'autres de vacuité.

Certes, la société a toujours comporté des sédentaires et des « mobiles ». Les aristocrates qui se rendaient à la cour, les musulmans à La Mecque ou les chrétiens à Saint-Jacques de Compostelle, mais aussi les peuples nomades... Et c'est la remise en cause des dogmes chrétien et monarchique qui a conduit dès le XVIIIe siècle à explorer les territoires politiques du passé pour espérer y découvrir des traces des civilisations anciennes affranchies de Dieu et des rois. Alors on s'est rendu à Rome, à Athènes, en Égypte, pour visiter les ruines… et ainsi est né le tourisme. Un siècle plus tard, les Anglais ont « inventé » la Côte d'Azur et les Américains « créé » le parc de Yellowstone, au nom de la nature qu'en leur qualité de protestants ils voulaient célébrer et sacraliser pour riposter aux catholiques « enfermés » dans leurs églises et leurs représentations religieuses. La recherche de « sens » – spirituel ou philosophique – a guidé le développement du tourisme. Lequel est devenu peu à peu « l'art du corps » – où l'on danse, on se baigne, on fait l'amour. Comme à Versailles. Versailles est la première grande station touristique – avant Bath, Divonne-les-Bains, Vichy puis Nice, Saint-Tropez…

Un corps longtemps synonyme de labeur, de stabilité, de devoir, de contrainte, est peu à peu commué en levier de séduction et de plaisir : c'est d'ailleurs de cette évolution vers un corps érotisé que naîtront la pratique des sports d'hiver et plus globalement les activités de glisse, dites instables. La démocratisation du tourisme et des vacances après 1945 accompagnera une immense démocratisation de l'érotisme et la réintégration dans la culture du tourisme aristocratique et rentier des rythmes et des rituels populaires – moisson, carnaval, transhumance saisonnière, guinguettes… J'ai beaucoup écrit là-dessus dans d'autres ouvrages.

2012 restera dans l'histoire l'année où un milliard d'hommes-touristes ont franchi une frontière et où des actionnaires chinois sont entrés au tour de table du Club Med… Là, nous faisons humainement humanité. Et il faut le voir malgré tous les travers du tourisme qui peut être aussi un prédateur des sociétés locales ou un destructeur déplorable de paysages.

Il faut, je crois, penser maintenant les sociétés en deux niveaux : d'une part, l'agora, où vivent les autochtones ou ceux qui se racontent tels, qui sont nés, ont grandi et étudié, se sont mariés et travaillent dans un même lieu. Leur ancrage, leur mémoire, leurs réseaux participent à la création quotidienne des appartenances locales. D'autre part, le paysage, représentation du lieu importé par les voyageurs, les touristes, qui est le fruit d'une comparaison permanente entre sites. Cette image prenait autrefois la forme de la peinture, jusqu'à l'apparition de la photographie, puis du cinéma. Que serait la Sainte-Victoire sans Cézanne, Marseille sans Pagnol ou

Saint-Tropez sans Brigitte Bardot ? Il y a ainsi artialisation des lieux ; cette mise en art attire le touriste et, peu à peu, pénètre la culture locale. Le paysage est né du tourisme. La France a la chance de disposer partout de ces deux niveaux de l'agora et du paysage, au creux desquels vit la société locale. Car en Europe, l'habitant de l'agora est « aussi » touriste ailleurs, et ainsi apprend à porter sur son voisin un regard enrichi de sa lecture d'un paysage qui a la capacité de dire la beauté et le désir.

Si l'art de vivre et le temps hors travail deviennent des acteurs majeurs du lien social et de la capacité productive, cela induit que leurs liens vont attirer les producteurs principaux de cette production d'art de vivre et de richesse. C'est ce que j'appelle déjà depuis longtemps l'effet post-touristique, qui favorise les régions de tourisme ou celles qui luttent pour leur mise en désir touristique – même tardif – et souvent par la culture, comme Lille ou Metz. Marseille demain. Territoire et pratiques sociales forment ainsi couple pour attirer les compétences de ceux qui possèdent une qualification que le marché recherche. Ce modèle de style californien a fait du désir de l'art de vivre territorial sa nouvelle énergie blanche et son facteur premier de production. Après, bien sûr, il faut des politiques publiques, du travail commun, des choix stratégiques privés pour induire du développement. En contrepartie, cela signifie aussi qu'il y a de mauvais lieux et que, de ceux-là, il faut savoir dans certains cas partir. L'exode de certaines banlieues ou anciennes villes industrielles trop polluées peut être pour un temps une solution logique et économe d'effort, comme ce fut le cas avec l'exode rural. D'autres, en d'autres temps, y trouveront de l'intérêt, peut-être justement parce qu'il y aura un vide relatif, du foncier peu cher, des forêts magnifiques…

La force de la France est d'être mondialement désirée car elle reste, peu ou prou, le pays le plus visité de la planète – même sans politique publique touristique vigoureuse. Il faut savoir en tirer profit, ce qui par exemple est le cas de l'industrie du luxe ou des parfums. C'est un trésor dans la bataille de la mondialisation où les produits associés à l'image France dans le luxe, la culture, la communication, l'art de vivre, sont un de nos piliers économiques. La France est le cœur d'une économie ludique qui tire l'économie générale comme hier la construction des cathédrales ou plus tard celle des lycées et des théâtres ont tiré les économies urbaines. Le tourisme lui-même pèse 6 à 7 % de l'emploi, et tous nos « jouets de grands » ont un poids considérable (résidences secondaires, piscines, bateaux, motos, vélos, voitures de luxe, jardins...). Mais tourisme, création, culture et production doivent être pensés ensemble, dans la même vision. Là est le mariage productif français du futur aujourd'hui mal exploité parce que la culture de la production et l'art de vivre n'arrivent pas à être portés par les mêmes acteurs. Les Chinois ne s'y trompent pas qui préfèrent investir dans le Club Med que dans Peugeot. L'idéal serait qu'ils fassent les deux.

Une urbanité généralisée

La France est un cas assez particulier. Sur les dix dernières années, la croissance de la population urbaine fut de 5 %, celle des campagnes de 9,5 %. S'agit-il là d'un accident éphémère ou d'un phénomène durable résultant de l'extrême valorisation de la ruralité, du village ou de la petite ville ? Quel sens faut-il y accorder ? Difficile de répondre. Gardons quand même en mémoire que ces chiffres sont liés pour l'essentiel à l'étalement des villes dans les campagnes. Mais le fait que la France soit le seul pays entièrement touristique et le seul qui accueille plus de touristes qu'il n'a d'habitants peut-il aussi aider à comprendre cette originalité ?

Ce qui est certain, c'est que nous y sommes tous devenus urbains : chaque campagne est à moins d'une heure d'un centre-ville, l'immense majorité des paysans regardent le journal télévisé, font leurs courses dans une grande surface, bénéficient des mêmes services publics (enseignement, etc.) et rendent visite à leurs enfants installés en ville... Certes, l'habitat peut être dense ou diffus, mais il n'y a plus d'opposition entre ville et campagne. Sauf en de rares territoires de la France profonde qui méritent respect et interrogation. C'est pourquoi je pense en termes d'urbain et d'extra-urbain car, s'il est différent de vivre dans un centre-ville, une tour, un quartier pavillonnaire, un village ou une ferme, nos voisinages l'emportent sur nos différences. Et la société numérique renforce massivement cette situation car nous sommes tous équidistants. La première région française entièrement en haut débit est le Massif central, et je crois que le haut débit gratuit devrait être le premier investissement dans les quartiers en difficulté, où qu'ils soient. Il faut penser la révolution informatique comme un atout pour les plus fragiles, même s'il est aussi une arme pour les plus forts. Mais créer du lien collaboratif permet d'améliorer sa qualité de vie avec des revenus frugaux, d'ouvrir des horizons, apprendre et découvrir. L'autoproduction domestique a toujours été le complément de revenu des plus faibles, aujourd'hui c'est en partie avec l'économie numérique.

Nous sommes tous des urbains, seulement plus ou moins loin du centre, et plus ou moins loin de la nature : le territoire est recouvert de la « ville nuage » de mobilité d'un rayon moyen de 10 à 50 kilomètres. Parfois plus quand la ville est très grande. La métropole marseillaise couvre un nuage de 50 à 70 kilomètres ; Paris, la France quasi entière, voire, autour de Roissy, une partie du monde. Il n'existe plus, comme autrefois, de discontinuités ou de franche séparation entre la ville et la campagne. L'urbain est omniprésent. Face à cela, pourrait-on dire, est interrogée la manière de réinventer « le monde vert », de rapprocher les préoccupations agricoles, forestières ou écologiques, les jardins, bref, d'intégrer de véritables projets végétaux « libres » – c'est-à-dire « explosifs », distincts de ceux extrêmement maîtrisés et destinés à montrer la puissance de la ville sur le végétal « des espaces verts ».

La sortie des sociétés gavées aux énergies fossiles va renforcer la puissance, économique mais aussi symbolique, de cette demande de monde vert. En France, nous avons l'atout d'une cinquantaine de « départements verts » hyperruraux qui devraient se regrouper pour valoriser leurs modes de vie et de production de biens publics rares – espace, eau, air, bois, blés, vaches, cochons, énergies locales… Nous devons dorénavant penser la société dans sa double peau, charnelle et numérique, indissociable. Et cela donne des atouts de qualité de vie extraordinaire à des territoires hier isolés. Pensons à l'Allier ou à la Sibérie.

Enfin, la société du temps libre réinterroge la vocation du logement. Le logement est devenu un espace où l'on passe l'essentiel de son temps ; il n'est plus seulement l'expression de la cellule familiale. Il est devenu le premier lieu où l'on vit la société numérique et médiatique et, plus largement, lieu de rencontres, d'actions, d'initiatives, c'est-à-dire de privatisation de l'univers social. C'est pourquoi la télévision, la musique, l'animal, le jardin… y occupent un rôle fondamental de sociabilité, de lien avec la nature, l'eau, mais aussi avec la famille ou les amis qu'on réunit le dimanche autour d'un barbecue. Et même si les tablettes rendent le monde numérique nomade, dans le nomadisme le logement reste le centre du système. Reste à comprendre que le logement aujourd'hui est une alliance du modèle haussmannien avec le modèle du village de vacances. Pour chacun, comme pour chaque quartier et chaque ville, cette dualité nouvelle est essentielle. Définissons un droit au soleil pour chaque logement, par exemple en y imposant une terrasse de 30 % de la taille du logement. Alors on verra les villes ré-attirer des familles de manière aussi incroyable et surprenante que Paris-plage, qui attire chaque année des millions de Parisiens entre un fleuve pollué et non baignable et une voie rapide. La vie heureusement est imaginaire et récit…

Mais « on » a aussi besoin de « faire humanité » par moments. D'où le rôle des lieux aléatoires de rencontre, mais aussi de la télévision et du numérique. On fait humanité devant son écran de télévision à partager une finale de Coupe de France

OM-PSG avec quelques amis et des millions de téléspectateurs. On y parvient aussi lorsqu'à l'issue de la victoire, on descend hurler sa joie d'avoir gagné, et battu l'ennemi intime. Ce qui faisait « commun » hier relevait de rituels – le bistrot après le travail, la messe dominicale, etc. Dans une telle société de l'exceptionnel, on « fait commun » par d'autres moyens : la Nuit du cinéma, les festivals, la Fête des voisins, les voyages organisés, la soirée électorale... et le spectacle télé partagé.

La mobilité n'est pas une valeur, elle est simplement une donnée du monde moderne dont il est impossible de s'affranchir. Et cela irréversiblement. De tout temps la société et la culture françaises (ou européennes) se sont développées avec la notion d'un « extérieur » aux frontières qu'on a peu à peu découvert. Ce fut l'Europe, puis les autres continents. En 2013, il n'y a plus de dehors inconnu ou inexploré, on vit dans la globalité et dans le « dedans ». Regardez le journal télévisé et vous êtes transporté instantanément aux confins de la planète. Cette conscience et cette maîtrise nouvelle de la terre-totalité sont enfants de toutes nos mobilités, et il est impératif que chacun puisse se les approprier. Mais construire des « nous » dans ce monde du face-à-face perpétuel entre chacun et la totalité du monde est difficile. D'où un sentiment de dislocation, et en même temps d'union de l'humanité, que l'homme n'avait jamais connu.

Les formes nouvelles de l'exclusion sont des niches, des bribes d'espace ou de population, qui sont à des points de conjonction d'éléments d'exclusion du travail, de la famille, de l'origine ou du territoire. L'exclusion devint multifactorielle, à l'image de nos liens sociaux. On peut être sans travail, mais bien intégré par une famille-tribu large et un territoire vivant; on peut être une femme seule avec enfants mais avec un bon salaire, une commune qui a pensé les mères isolées, un ex présent... Une mère isolée dans un quartier difficile peut réussir l'intégration d'un enfant grâce à un contournement de la carte scolaire arrangé par une amie, quand l'autre enfant scolarisé sur place dérivera vers la drogue et le trafic. On peut aussi perdre son emploi dans une zone rurale structurée par une petite usine et se retrouver avec un pavillon à moitié payé et aucune perspective. Une autre perte d'emploi peut à terme amener à une vie renouvelée. Il y a des intensités d'exclusion qui sont difficiles à penser avec des moyennes. Mais, dans cette société des modes de vie, l'exclusion doit être pensée à la fois en termes de revenu, de vie privée et d'intégration à la société collaborative. L'un peut aider l'autre, et cela marche dans les deux sens. Reste que la pauvreté la plus forte est dans le groupe des femmes seules avec enfants habitant les quartiers populaires. Et la plus grande souffrance sans doute chez les personnes seules très âgées.

Peut-être que ce sont ces insécurités-là qui induisent une évolution des pratiques de fidélité privées ou professionnelles. Car la notion de fidélité a profondément changé. La génération de mai 1968 a largement ouvert la culture du zapping et de la discontinuité. Instituant même souvent une déconnexion entre vie commune et relation des corps. Ce qui prévalait avant, c'étaient des histoires de couples longues mais des degrés de fidélité masculine faibles ; désormais, les jeunes sont extrêmement fidèles mais sur de très courtes périodes – un mariage sur deux est d'ailleurs défait avant son cinquième anniversaire. Dans le domaine du travail, là encore la notion est bouleversée. Qu'enseigne-t-on dans les écoles de commerce ? De changer régulièrement d'employeur en début de carrière. Et parallèlement le marché du travail a encouragé la précarisation des emplois des jeunes et l'intérim. Que ce changement d'employeur soit choisi ou subi, il signifie une pratique dominante de la discontinuité qui s'applique à tous les champs culturels de la société, tant sexuels que professionnels ou résidentiels. Je crois que plus la vie est longue plus on la vit par séquences courtes car en permanence on peut retenter sa chance ! On peut certes se découvrir à 15 ans, se marier à 20, tenir en couple une épicerie pendant 40 ans, et vivre une retraite heureuse. Mais ce schéma n'est plus notre rêve ; multiplier les périodes, les lieux et les expériences constitue un levier pour régénérer le sens de l'existence. La société vit en grappes et réseaux, « rhizomes », disaient Deleuze et Guattari, *habitus* partagés, origines mythifiées, croyances communes… Ce qui manque, ce n'est pas le lien entre les personnes, c'est la force coalisée pour faire mouvement ensemble. Internet lance sur les réseaux sociaux de grandes vagues de refus, de dénonciation ; mais pour reconstruire du projet et du politique, dresser des forces humanistes contre les forces du capital, là on a encore plus de mal.

Métamorphose ou déstructuration ?

Nous vivons une évolution parallèle à celle que nous avons connue aux XVIIIe et XIXe siècles quand nous sommes sortis de l'ordre religieux – entre 1789 et 1906, voire 1945. Le salariat n'est plus l'ordre fondateur du lien social et des coalitions politiques. Partie pour cause de la réduction de la place temporelle du travail, partie pour cause de développement d'un salariat précaire qui vise plus à procurer une ressource qu'un métier. Dès lors, nous avons multiplié des appartenances autres, plus faibles, soit liées à des *habitus* – sport, jardin, cinéma, lecture, voyages, loisirs, âges, genres, engagements… – soit résurgentes d'identités anciennes – religieuses, locales, politiques, nationales… Tout cela forme une sorte de bricolage souple de convictions sensibles aux événements. Mais surtout, tout cela affaiblit les appartenances collectives, la place des grandes idéologies issues de la révolution industrielle. Les classes se sont défaites en tant que corps social doté d'une conscience de classe et d'organisation d'action politique. Chacun se retrouve lié, et fortement, à une tribu affective – familiale, à quatre générations, souple, amicale, parfois en partie professionnelle. Ces réseaux-tribus sont territorialisés mais mobiles, en partie saisonniers.

Une part relativement importante d'entre nous sont exclus de ces réseaux. Difficile de dire un pourcentage – les exclusions sont diverses et multifactorielles, je l'ai dit – disons entre 20 et 30 % sont mal reliés dans cette société des liens souples et privés. Ce modèle social est créatif et porteur de bonheur et de valeurs. Mais il est douloureux aux isolés, aux femmes seules avec enfants, aux territoires délaissés par l'économie, aux enfants des immigrations récentes. Surtout, c'est une société qu'on peine à réformer car il n'y a pas de vrais rapports de force. Si chacun voit les blocages, personne ne s'en croit responsable. Il nous est difficile pour l'instant de passer d'une société aux rapports de force structurés par des groupes coalisés à cette société en tribus qui par moment cristallise du politique.

III
Les nouvelles formes du politique

Nous avons besoin de nous raconter des histoires. Déjà petits bien sûr, mais aussi plus grands. Le Petit Chaperon rouge nous prépare à sauver la France, le Grand Méchant Loup ne doit pas gagner. Mais l'émotion naît de sa fugace victoire. Puis de sa défaite brutale. Sans cesse une nouvelle histoire vient bousculer, prolonger la précédente. Au fil des jours, au fil du temps. Nous ne mangeons pas pour nous nourrir mais nous mourrions de ne pas manger. Nous ne faisons pas l'amour pour nous reproduire, mais sans amour nous disparaîtrions. Le réel se saisit par le récit qui le met en désir et en mouvement. Et dans les moments où l'on est en manque d'histoires, le réel se réduit à l'obscénité de son état, le désir se perd. Il est alors de bon ton de se parer des vertus du pragmatisme, voire de se nourrir d'images de mort et d'effondrement qui étouffent notre créativité et mènent à la violence et à la recherche de boucs émissaires.

L'usure du récit politique

1989. La guerre froide se termine, et avec elle nos catégories mentales pour penser le monde. Capitalisme, révolution, socialisme, communisme… Même celle du totalitarisme va en prendre un coup. Brutalement le monde apparaît Un. Sans grande guerre possible, avec des escarmouches ici et là. Peut-être. Parfois, à l'époque, une vision un peu douceâtre, pacifiste, des lendemains d'un grand soulagement. Fin de l'Histoire entend-on, guerre des civilisations. Développement partagé aussi.

Depuis, un immense chemin a été parcouru : l'unité du monde s'est accélérée ; les océans et les mers sont sillonnés par d'énormes porte-conteneurs. La révolution informatique nous entraîne à une vitesse folle. Deux milliards d'ordinateurs, plus de trois milliards de téléphones portables. L'humanité unifiée a pensé et généralisé les techniques de son unification – internet, développement de l'Asie, réchauffement climatique. Un milliard de touristes internationaux au début du XXIe siècle, soixante millions un demi-siècle plus tôt.

Les anciens pays riches s'endettent pour garder leur niveau de vie. Il faut écouter Philippe Dessertine[1]. Les anciens pays riches vont garantir leurs dettes de moins en moins sur des richesses futures à créer, de plus en plus sur des actifs relatifs. La pierre d'abord. Jusqu'à 2008. Faillite des banques aux États-Unis. Garantie publique des dettes bancaires. Dettes publiques. Planche à billets. Explosion, retour au réel? L'économie de la consommation portée par la demande se retrouve face à l'économie de l'offre et de création de valeur. À quelles échelles? Monde, continent, nation, villes-États? Comment vivre à neuf milliards en consommant moins d'énergie et en faisant humanité ensemble? Comment sortir des énergies fossiles qui nous tuent à long terme?

Une nouvelle course pour la survie de l'humanité est engagée. On en a déjà connu beaucoup. Pour échapper, jadis, aux lions et aux ours. Pour échapper aux tempêtes. Platon disait: « Il y a trois sortes d'hommes, les vivants, les morts et les marins. » Cela en dit long. Pour échapper aux grandes épidémies, aux grandes invasions, aux

1. Philippe Dessertine, *Le Gué du tigre*, Anne Carrière, 2012.

guerres de religions. Aux guerres des idéologies politiques. À chaque fois, on meurt et on avance : on tue, on viole, on aime et on procrée. On imagine, on apprend, on transmet et on invente. Et parfois, ici ou là, les motifs anciens de guerre perdurent ou ressurgissent. La pollution de l'eau tue vingt et un mille enfants par jour. Un risque fasciste renaît ici, une guerre de religion terrifiante là-bas. Un immense État totalitaire invente le marché sans liberté politique.

Nous avions une histoire, une histoire racontée : les révolutions et les classes sociales, le progrès, la Résistance, le fascisme, le communisme que nous appelâmes peu à peu totalitarisme, la décolonisation, l'égalité hommes-femmes, le droit des peuples à disposer d'eux-mêmes, l'écologie même. Il y avait un mouvement, bousculé par 1789, 1848, 1917, 1936, 1945, 1968, 1981, 1989… chaque date faisant étape dans le même récit. Les uns les rejetaient, les autres les valorisaient, mais tous les connaissaient. Depuis 1989, il n'y a plus de récit, il n'y a que la vie encadrée par des peurs, le réchauffement climatique, l'immigration, l'extrême droite, l'islamisme, la mondialisation, la pollution. Il paraît même que les hommes vont devenir stériles et que le niveau de la mer monte. Je comprends que les riches achètent des yachts.

Un siècle tout juste après le début du grand affrontement qui, à partir de 1914, a porté à travers une violence inouïe l'humanité vers la phase ultime de son unité, il est donc temps, non de re-débattre des enfantements hideux de ce siècle de violence, nazisme, fascismes, totalitarismes, mais de penser au-delà, après le temps de ce gigantesque affrontement. Il est temps de poser que la révolution industrielle, en dressant le capital et le travail en ennemis radicaux, est à l'origine de la tension créatrice-destructrice qui a porté cette étape de l'aventure humaine, sa créativité et ses haines. Elle a façonné des idéologies politiques qui ont permis de renvoyer les religions dans la sphère privée pour concentrer l'énergie de l'humanité sur les savoirs et les biens matériels.

Puis il y eut la rupture radicale du mythe révolutionnaire au sein des sociétés démocratiques, incarnée un jour de 1989 par la chute d'un mur à Berlin. La fin du communisme et l'épuisement du mythe révolutionnaire ont ouvert une nouvelle étape où c'est l'affrontement de l'humanité surpuissante et surpeuplée avec la nature qui refonde les enjeux et les actions. Certes, les camps idéologiques issus du grand affrontement des idéologies politiques continuent, comme les religions, à faire, certes, plus faiblement sens et culture, lien et sensibilités différentes. Tout comme les débats sur la virginité de Marie, le culte des reliques..., les affrontements entre capital et travail sont devenus de moindre enjeu. Ils comptent encore et distinguent, certains les instrumentalisent. Mais de manière seconde, du moins au niveau des projets collectifs. On peut être de gauche, ou de droite, profondément, intimement, viscéralement – comme on est catholique ou protestant. Au-delà de la Saint-Barthélemy.

Après deux siècles de révolutions se succédant dans le récit épique des gauches, brusquement, le rêve révolutionnaire pour les uns, son risque pour les autres, ont disparu. Nous restent des révoltes-révolutions anti-dictatures, mais ce n'est pas pour remplacer un ordre par un autre déjà imaginé. C'est pour abattre un ordre injuste et invivable. Après..., ce sont souvent les partis les plus radicaux, ceux qui ont résisté jusqu'à la mort sous la dictature, qui prennent le pouvoir. Et cette problématique n'est heureusement plus celle de l'Europe ni de l'Amérique – du nord, au sud enfin. Restent aussi des révolutions, ou des mouvements révolutionnaires, identitaires, nationalistes et islamistes, qui espèrent trouver dans le passé un ordre pour le futur. Mais plus rien comme désir de monde nouveau.

On recommence alors comme avant ? Non, pas du tout. La vie a augmenté de sept ans depuis 1989. C'est pourquoi nous serons bientôt neuf milliards. On fait aujourd'hui dans les pays développés, nous l'avons dit, presque une heure d'étude pour travailler deux heures. Un humain sur deux peut déjà communiquer, apprendre, transmettre, parler en instantané avec la moitié de l'humanité grâce à son téléphone portable. Trois milliards de cerveaux en réseau, co-pensant. C'est du jamais-vu. Une puissance inconnue. Définitive. Car nous ne sommes pas fous au point de casser complètement cette unité nouvelle, même si nous sommes tentés de nous replier sur nos continents et nos nations. Nous savons que la terre continuera, elle, à chauffer en commun. Des reculs de l'unité sont possibles, comme à la fin du XIXe siècle ou dans les années 1930, mais la maîtrise de la prédation sur la nature est au bout du chemin commun. Ou la mort lente de l'humanité. Nouveau jeu risqué et passionnant.

Faire la politique

Comment faire alors la politique et son récit dans ces sociétés et cette époque ? J'utilise à dessein une expression un peu décalée car j'aime bien l'idée qu'on fait la politique comme on fait le pain, l'amour ou l'idiot. La politique est d'abord un acte, le choix de femmes et d'hommes pour décider de la gestion de la chose publique, des grands mythes collectifs, de la guerre, des équilibres entre les hommes, les entreprises, la nature, de la justice… Et ce faire a besoin d'acteurs choisis suivant différentes modalités.

Certes, nous ne sommes pas en crise de femmes et d'hommes voulant occuper les places de ce faire. Il y a pléthore de candidats, de plus en plus même. Comme si, moins on avait de dessein commun, plus chaque individu pensait être personnellement la solution. Ce paradoxe de la chose publique est souvent tragique dans les situations de pays post-révolutionnaires où l'*e*-politique a su faire tomber des dictatures sans savoir ensuite construire, encore en tout cas, du faire politique.

Nous avons dit aussi l'immense bonheur privé de ces sociétés tribalo-familiales, affectives, et le désarroi public, la perte d'idéologie collective de projet, le ressurgissement d'appartenances archaïques plus ou moins restaurées, souvent mal connues… Nous avons dit l'émergence de la société collaborative où des solidarités souples naissent et se défont en permanence et où on assiste à une véritable éruption de dénonciations libératrices mais peu bâtisseuses. Nous avons dit que la révolte prend à nouveau le pas sur la révolution comme mode de régulation de l'inacceptable.

Nous avons dit la fin du monde du travail coalisé du fait de la réduction de sa place sociale. On ne peut plus alors penser ou agir d'abord en termes de rapports de classes. L'affaiblissement des sentiments d'appartenance liés au travail du fait de la place plus faible de celui-ci me paraît avoir deux conséquences. Comme le dit Michail Maiatsky, les *habitus* structurent davantage nos appartenances : *habitus* de temps libre, de loisir, vacances, culture, religion, origine… Hier, les classes sociales dominaient ; aujourd'hui, c'est la société dite civile qui devient l'actrice incontournable de la vie publique en contrepoint permanent de l'organisation politique.

En contrechamp, il y a la remontée d'autres identifiants, religieux, ethniques, territoriaux, voire de genre ou de différences sexuelles. Nationalismes, ethnicismes et religions en particulier retrouvent ainsi des fonctions de liens plus forts, au détriment des classes sociales qui ont été pour ainsi dire prises en ciseau entre d'anciennes appartenances collectives revalidées et des *habitus* multiples et mouvants. Et ce qui se joue au niveau des classes se joue, en parallèle, au niveau des États-nation car le retour des processus identitaires au premier plan de l'espace politique est aussi une forme de réponse à la fin des économies nationales qui permettait une régulation de l'économie par le politique. Si nous circulons dans nos tribus familiales et avec nos *habitus* multiples dans l'espace social, nous circulons aussi dans nos appartenances spatiales et symboliques.

Ce retour des identités agit alors contre les États-nation dont la violence rassembleuse perd en légitimité. Car ce retour identitaire est indifférent aux frontières comme aux lieux de résidence et la société collaborative renoue sans cesse, où que l'on soit, ses fils. Cela est vrai pour les Kurdes comme pour les peuples premiers, pour les immigrants comme pour les communautés diasporiques. Ainsi l'affaiblissement des appartenances de classes résonne avec le recul du projet des États-nation que stimule la mondialisation. « Ce nouveau phénomène identitaire, dit justement Gaïdz Minassian, ne se reconnaît plus dans les logiques institutionnelles traditionnelles, le contrat social et l'histoire nationale vécue comme un levier symbolique de domination des pouvoirs centraux, mais dans un savant dosage d'autonomisation des acteurs et de non-violence[1]. »

Ces appartenances ne sont plus des violences concentrées porteuses d'État à bâtir mais des *habitus* à vivre et à mettre en réseau indifféremment aux frontières des nations. Et la société de mobilité, réelle et virtuelle, induit des liens forts sans voisinages, des territoires identitaires en archipel[2], parfois quasi planétaires. La question qui nous est posée est de penser cette société des *habitus* et des identités multiples avec les quatre piliers de notre appartenance à la France mis en valeur par Patrick Weil : l'époque des Lumières,

1. Gaïdz Minassian, « Nouvelles dynamiques identitaires contre États-nation », *Le Monde*, 6 septembre 2013.
2. Jean Viard, *Le Nouvel Âge du politique*, l'Aube, 2004.

la Révolution, la laïcité et la culture française[1]. Mais, pour cela, il faut d'abord apprendre et partager ce socle. Il faut ensuite être ouvert aux identités nouvelles revendiquées, du « mariage pour tous » à la revendication de l'islam d'accéder à l'espace public avec ses lieux cultuels, ses lieux culturels, ses interdits et ses tabous.

Ainsi, à l'unité des désirs des hommes du monde qui les met dans une concurrence parfois sauvage, répond une atomisation des constructions sociales et nationales. Les classes, comme les appartenances nationales, deviennent des appartenances faibles : les individus étant liés, et fortement, d'abord par des affections et des engagements privés, des *habitus* multiples et changeants, et aussi par des identités ancestrales, des croyances et des ethnies. La forme même de la cité, de la citoyenneté et du politique en est bouleversée. Avec le danger extrême de manipulations de ces identités renaissantes, nationales, ethniques ou religieuses – par des forces politiques multiples et pas seulement extrémistes.

1. Patrick Weil, *Être français. Les quatre piliers de la nationalité*, l'Aube, 2011.

Ces remises à plat des cadres les plus fondamentaux de l'humanité et l'achèvement de la longue guerre européenne commencée en 1914 ont été submergés par la révolution informatique qui est venue booster ces métamorphoses avec une force inouïe. En dix ans, celle-ci a bouleversé le monde au moins autant que le train au démarrage de la révolution industrielle. Mais sur une période historique plus courte. « Le bout du monde » a disparu, connecté par téléphones portables et réseaux numériques. Les Indiens ne peuvent plus tenter désespérément de bloquer l'avancée des rails de l'Union Pacific. Simplement parce qu'ils ont eux-mêmes un téléphone portable, comme près d'un humain sur deux. Le 23 juin 2008, la terre a compté un milliard d'ordinateurs en réseau, contre un million dix ans auparavant. Il y en aura deux milliards en 2014.

Devant de tels bouleversements, les équilibres entre les sociétés, les idéologies et les diverses croyances, les continents et les civilisations ont été remis en cause. Les sociétés hier dominantes en sont sorties apeurées, à l'instar de Louis XVI fuyant à Varennes. L'Europe en général, la France en particulier. Les travailleurs chinois s'activant à nouveau stimulés par les nouveaux riches des mondes émergents. La civilisation du bison a disparu et nous craignons l'enclavement dans une réserve surchauffée. Du moins, c'est ce que nous nous racontons. En réalité nous sommes toujours dans la civilisation du bison. L'Europe a le premier PIB mondial, nos avoirs à l'étranger sont supérieurs à ce que les autres détiennent chez nous[1], nos dettes sont plus faibles que dans le reste du monde, notre modèle social est incomparable.

Et la fin de la guerre froide libérant l'énergie fossilisée dans l'affrontement Est-Ouest, qui reprenait celui du capital et du travail, a permis cette explosion des liens interpersonnels qui ont submergé les liens sociaux et politiques. Nous ne sommes pas entrés dans une société de l'individu perdu, mais dans celle d'un individu en réseau qui vit dans une famille qui n'est plus un ordre dominateur mais une camaraderie. La connexion de ces micro-groupes tribalo-familiaux a remplacé les grandes appartenances de classe ; l'humanité a pris conscience de son unité et de sa solitude face au vide sidéral de l'univers et au réchauffement

1. Thomas Piketty, *Le Capital au XXIe siècle*, Seuil, 2013.

climatique. La fin de la guerre froide a libéré des énergies considérables, mais le politique ne s'est pas repensé. Ses clivages sont des résurgences de clivages anciens émoussés.

Mais que de créations aussi ! Que de plaisir de vivre si longtemps, que d'amour et de sensualité, que d'œuvres et de culture, d'innovations, d'objets techniques. Le progrès technique en réalité s'accélère, en médecine comme dans la sphère numérique ou dans de multiples autres domaines. Mais ces progrès matériels ne sont plus relayés par une idéologie du progrès qui les mettait en perspective et les légitimait. Le récit par le politique des bouleversements du réel n'opère plus car le réel est devenu trop multiforme et nos appartenances trop multiples pour qu'une image simplificatrice puisse rassembler les expériences éparses de vivre. Ni ici ni ailleurs. Et le monde numérique favorise plus la contestation et le réseau que le projet politique.

Nous n'avons pas encore su penser cette période post-idéologique où les anciennes croyances ne font plus sens sans que les nouvelles soient déjà reconnues. Les idéologies nées de, et dans, la révolution industrielle sont certes obsolètes, mais comment les remplacer ?

L'affrontement du capital et du travail n'est sans doute plus central ; la réunification de l'humanité sur une seule petite planète perdue dans l'infini de l'univers nous bouleverse infiniment plus et nous affronte comme jamais aux limites de notre propre puissance face aux écosystèmes de la nature. Mais comment faire du politique post-idéologique ? Le nouvel enjeu – humanité face à la nature sur une seule petite terre – renvoie la politique idéologique aux oubliettes de l'Histoire ou aux appartenances privées comme hier le fut la religion. Mais le récit n'en est qu'à ses prémices. Internet est venu accélérer une société déjà horizontalisée, la renforçant et la généralisant, mais ne la dotant pas d'un récit qui reste manquant. La mondialisation des savoirs et des informations est venue accélérer celle de la production et des échanges, mais l'unité du monde était déjà faite avec la fin de la guerre froide. L'effacement du rideau de fer fut comme le commutateur qui alluma la sphère internet. Reste à en penser le mouvement, les coalisions possibles et les rapports de force.

Le temps du monde

Le monde est comme un miroir qui se brise. Dans un jaillissement de rais de lumière et d'images partielles, la cohésion se défait et se perd. Tous les morceaux sont encore là. La somme était un miroir. L'ensemble n'est plus rien qu'un tas dangereux de fragments de verre au bord tranchant. Longtemps, le morceau France a résisté, puis un pied maladroit l'a fissuré. Telle pourrait être la parabole qui sous-tend la perspective de ce chapitre.

La montée de l'individu organisé dans des groupes tribalo-familiaux et des réseaux collaboratifs se retrouve alors face à un ordre qui n'est plus international mais intercontinental, intercivilisationnel, interculturel. Humanité. La nation devient un espace d'appartenance parmi d'autres, certes fort, mais de la même manière que l'origine, la ville, la région, le métier, le genre, le continent prennent une place nouvelle. Amérique, Europe, Chine, Afrique, Inde… font alors sens. Géographie ? Civilisation ? Culture ? Difficile à dire, et différemment selon les continents. En Asie sans doute, les civilisations-continents dominent. En Amérique, les nouveaux mondes restent scindés entre Amérique du Sud catholique, liée à l'Espagne et au Portugal, avec un retour des peuples premiers des zones de montagne, et l'Amérique du Nord, mais aussi Australie, Nouvelle-Zélande – le groupe de Kent en somme – davantage tournées vers une culture protestante de nature sur des terres virginisées par la suppression des peuples premiers. Simplement pour dire que les mouvements sont différents. La Chine est territoire, nation et civilisation en même temps. Elle ne va pas se transformer comme les pays peuplés par l'Europe au XIXe siècle ou comme ceux qui ont expulsé les Européens au XXe. La capacité de ces différents ensembles à se lier avec l'Europe et entre eux ne peut être la même. L'agitation contre l'ancien colonisateur ne peut y fonctionner de la même manière, l'Europe ne peut y porter les mêmes discours. Et l'Europe ? Une culture, un modèle social, une mémoire, un continent ? Jusqu'où ? Un continent avec l'Oural ? Une unité méditerranéenne enfin retrouvée ? L'unité européenne s'est construite contre l'avancée du communisme, comme alliance des démocraties après 1945. Maintenant il faut un sens positif qui fait depuis 1989 grandement défaut. Alors la gestion triomphe et le sens se perd. L'Europe doit choisir entre l'Oural et la Méditerranée, peut-être lier les deux. Nous serons toujours plus petits que la Chine ou l'Inde.

Le temps et l'espace se sont pour ainsi dire télescopés. Dans un temps de plus en plus long, rapide, interconnecté à l'instant *t* sur toute la terre, a répondu un espace limité, connu, borné. Les sociétés européennes façonnées par la conquête des espaces y perdent leurs horizons. En revanche, les sociétés non conquérantes y sont plus à l'aise, car sans deuils ni nostalgie de grandeur. La Chine et même les États-Unis peuvent être ici rassemblés pour l'exemple du propos ; ce sont certes des pays dominants mais ils n'ont pas été des puissances coloniales.

Mais, car il y a un mais, ce monde dont le développement explose et qui espère, ce monde ne nous demande rien. À nous Français, Européens, Occidentaux. Sauf de servir de « tête de Turc » face à leurs problèmes intérieurs et de gendarmes mondiaux dans certains cas. Sinon plus rien. Ni argent, ni soutien, ni modèle politique, ni valeurs. Eux que nous avions « conquis, organisés, civilisés, assimilés », développent nos savoirs et nos technologies dans le contexte de leurs propres cultures. Leurs agents les plus influents viennent même en vacances chez nous voir comment vivaient les anciennes aristocraties et rapportent chez eux quelques objets de pacotille, traces de notre ancien raffinement !

Le paradoxe de notre époque est que ceux-là mêmes qui ont contribué à la réunification du monde de manière puissante (et violente) sont incapables de s'en réjouir et d'en percevoir la créativité. La nouvelle richesse des autres nous déprime. La France qui compte 1 % des humains se lamente de n'être plus que la cinquième ou sixième puissance économique de la planète. L'Europe qui a tant fait pour l'unification de la planète et de l'humanité, par un principe d'intérêt bien sûr, mais pas seulement, car il y eut aussi des explorateurs et des savants curieux, l'Europe ne sait plus voir l'avenir. Elle s'enferme dans le passé, son propre passé.

L'humanité enfin réunifiée après des millénaires d'errance nous ouvre à un nouveau monde, et nous pensons celui-ci à partir de celui d'hier. La difficulté de ce monde éminemment complexe, cher à mon maître Edgar Morin, est qu'on ne peut plus penser séparément des choses qui en réalité font système. La nouvelle famille émergente en Occident, la révolution informatique, l'individuation croissante, le développement rapide de l'Asie, l'effondrement du mythe révolutionnaire, la place des anciennes nations dominatrices d'empire immenses autour de Paris, Londres, Istanbul, Moscou ou Madrid, la créativité originale de cultures non influencées par les monothéismes, les bouleversements métis des modèles des Amériques, au nord comme au sud…, tout cela, avec bien d'autres éléments, nous entraîne dans une course rapide, imprévisible, dangereuse, en bordure du déséquilibre de la nature et de nos propres identités.

Nous avons à penser la forme politique de cette humanité définitivement coexistante. Car la démocratie n'est pas, je crois, notre rêve pour elle. Les écarts de civilisation, d'esthétique, pourrait-on dire, sont trop forts pour que l'on ait confiance dans la capacité d'une démocratie planétaire à respecter ses minorités. Surtout que nous serions, nous Européens, une minorité. Mais cette absence de désir démocratique et l'acceptation d'un système mixte style ONU et G20 ne remettent-elles pas en cause le primat politique du modèle démocratique sur tous les autres modèles ? N'y a-t-il pas là un ver qui ronge lentement ce qui fut, et reste, le rêve de tant d'humains ?

La France

À la césure des XIXe et XXe siècles, la société française est pour ainsi dire sortie de son cours historique. Pour le dire simplement, nous sommes passés rapidement d'une société verticale, organisée par des groupes sociaux et des corps politiques, à une société horizontale où les liens privés ont marginalisé les liens sociaux. Ce primat des liens privés sur les liens sociaux a vidé la politique d'une grande part de son contenu. Restent des reliques identitaires, tant nationales que sociales, souvent habilement manipulées, et des professionnels de la gestion publique désorientés. Mais les sens de nos anciennes idéologies politiques se sont définitivement perdus un soir entre Moscou et Berlin, à Prague peut-être, dans une joie populaire immense et une désintégration sans précédent d'un système totalitaire surpuissant.

La France, pays fondé sur le politique par un État de mille ans, une Révolution refondatrice, un gaullisme mythologique, fut alors prise dans un porte-à-faux particulièrement déséquilibrant car la politique nationale que nous avions connue n'était plus le plus haut niveau de nos appartenances ni l'organisatrice de notre richesse et de notre puissance. La cinquième puissance économique du monde ne sait alors plus émettre de message. Ni vers sa population, où un grand barnum présidentiel tous les cinq ans ne porte ni sens ni vrais projets ; ni vers l'extérieur, où nous ne savons pas incarner d'une main sûre des valeurs universalisables sur les droits de l'homme ou les nouveaux droits de la nature.

On nous avait pourtant appris que « tout devait bien se passer ». Les trente glorieuses avaient relevé la France. L'ouvrier comme le paysan accédaient à la voiture, au logement moderne avec eau courante, aux vacances et à la télévision. De Gaulle avait su nous mettre dans le camp des vainqueurs de 1945 ; il sut encore « résoudre » la question coloniale, faire décoller le Concorde, nous doter de l'arme nucléaire et du paquebot *France*. En outre, nous étions non alignés, bien de chez nous, ni communistes ni cow-boys. Amis de l'Indien Nehru, découvreurs de la Chine de Mao. Les femmes avaient eu le droit de vote, la pilule, le droit à l'avortement, le carnet de chèques, l'éducation même.

Longtemps on a cru en France qu'un modèle français élargi nous porterait vers le futur.

Jules Ferry et les républicains l'ont cru avec la colonisation. Cruelle désillusion. Heureusement qu'un général survivant de la Grande Guerre a su nous raconter que, à défaut d'être larges, on pouvait être forts. Mentalement et techniquement. Il nous l'a dit deux fois. En 1940 et en 1958. Et puis vint l'Europe. Une idée forte, celle de Victor Hugo, de l'Atlantique à l'Oural. Sans les Anglais bien sûr, mais avec les Allemands qui continuaient prudemment à travailler en silence. Une sorte de grande France portée par la philosophie des Lumières, les valeurs de 1789, l'amour de la terre labourée, et plus ou moins clairement l'exception culturelle française (parce que la culture des autres… bon, passons). On put même inventer en France l'alternance, tant les choses allaient comme il faut. Mitterrand bien sûr reprit le flambeau européen : il l'avait toujours porté. On était entre adversaires à la mémoire commune et au futur proche. Bien français.

Certes, entre-temps l'Algérie avait organisé une guerre civile sans nous, et l'ancien tiers monde avait commencé à relever la tête en Asie. Mais, là encore, nous avions le bon modèle. Le modèle européen d'alliance d'États dans un système souple pouvait être étendu prudemment à la planète. L'ONU était un peu molle, mais de G8 en G20, une « sorte d'Europe » planétaire était envisageable. On finit même par y mettre les Russes, puis la Chine, économie socialiste *de marché*[1].

Parallèlement à ces désillusions, comme nous l'avons vu plus haut, l'art du récit fonctionne plutôt bien dans nos vies privées. Nous vivons plein d'histoires – amoureuses, résidentielles, professionnelles. Les jeunes et les anciens se déclarent heureux et les gens en âge de travailler cherchent d'abord plus de protection et moins de chômage pour mieux pouvoir mener leurs vies. La consommation de Noël 2012 a été supérieure à celle de Noël 2011. L'espérance de vie augmente ; la France se peuple largement des enfants que nous avons désirés. Aussi la vie quotidienne n'est, dans nos sociétés, plus guère politique. Elle est surtout ludique, familiale et tribale.

Mais ce bonheur privé d'une très large majorité, qui est au cœur de nos sociétés développées et qui est largement dû au modèle social euro-

1. Dominique de Rambures, *Chine, le grand écart*, l'Aube, 2013.

péen de protection et de solidarité, est entamé par le chômage endémique, la difficulté d'inclusion de la jeunesse… et la faiblesse de l'imaginaire national et du projet commun – y compris européen. Aussi ce bonheur privé ne se retrouve pas dans l'espace public. Le malheur public, lui, est tenace. Non seulement à cause de la longue crise financière et économique que nous vivons, non seulement parce que nous sommes en train de changer de système de survie planétaire (sans en avoir encore les nouvelles clés !), mais aussi parce que nos grands récits politiques se sont défaits. Le mythe du progrès s'est perdu entre Berlin et le questionnement écologique. Étienne Klein dit : « Le progrès n'est plus vu comme un soulagement, mais comme un souci[1]. »

En France, où le mythe révolutionnaire de 1789 est fondateur de la modernité et continue à supporter des pans entiers du champ politique, la perte fut plus rude qu'ailleurs. Le mythe français n'a pas trouvé son nouveau souffle depuis des décennies, même si quelques sursauts ont pu nous bouleverser en 1958 ou 1981. Où sont aujourd'hui le sens, la fierté de faire France, les

1. Cité par Yann Verdo, *Les Échos*, 28 août 2013.

choix et les risques ? Ce fameux désir d'avenir qui traversa comme une fusée notre paysage politique. Sans ce mythe et ce récit, *faire France* se perd et notre avenir nous désespère. Alors, nous nous replions sur nos bonheurs privés, le rejet des politiques, parfois des autres, et la demande de clôtures et de murailles. 71 % des Français se déclarent, en juin 2013, pessimistes pour l'avenir du pays. Un pourcentage jamais atteint. En particulier chez les jeunes. Heureusement, ce pessimisme collectif, qu'on dit souvent le pire de la planète, est un peu moins fort au niveau des individus. 50 % sont optimistes pour eux-mêmes, et même 63 % des jeunes[1] ! Alors, nous dit si justement Claudia Senik, « la France est surtout un pays nostalgique qui souffre d'un déficit d'adhésion à un projet collectif et qui manque de confiance en l'avenir. Renouer avec l'optimisme exige d'affronter les adaptations nécessaires d'une façon positive[2]. »

La France vit un grand mal d'amour, d'amour d'elle-même. Elle défend l'exception culturelle, en a fait un de ses marqueurs puissants, mais elle

1. Sondage CSA, 22 juin 2013 ; échantillon de 3030 personnes.
2. *L'Express*, 28 août 2013.

ne défend pas l'exception française. Rares sont ceux qui osent l'amour du pays. Dire du bien de la France fait franchouillard, néo-pétainiste. Valoriser la position de la France en matière de tourisme, de premier pays visité de la planète, vous catalogue comme ennemi de l'industrie, adepte d'une société de jouissance, voire de vice. Ennemi du travail.

Notre mythe commun, notre fondement en tant que nation – fondement ancien, millénaire mais revu au XVIIIe siècle puis à la fin du XIXe – ce mythe nous prépare mal au monde que nous abordons. Ce mythe philosophique, révolutionnaire, rationnel, laïc, nous empêche de penser un monde, une Europe, qui ne soit pas une France agrandie, et à l'autre bout, si l'on peut dire, du vivre-ensemble et une organisation des liens interpersonnels qui ne soit plus d'abord sociale et structurée.

La droite elle-même, historiquement plus à l'aise avec l'idée nationale, avait en Nicolas Sarkozy choisi un leader qui voulut plus valider le droit à la richesse que le droit national. Quand il s'y essaya, sur les bons conseils de monsieur Buisson, il se perdit tant le raccord était voyant. La gauche, elle, toujours plus patriote que nationale, plus sensible aux pères spirituels qu'à la continuité du sang, n'arrive pas à élargir sa lecture, d'abord sociale, de la société. Elle ne sait pas entrer dans une société où les liens privés dominent les liens de production. Elle peine à dire la désorganisation des classes et le besoin de créateurs et d'entrepreneurs. Elle ne sait pas penser la France à partir du monde unifié de la révolution informatique ni le modèle social collaboratif émergent.

Or, le monde où nous sommes entrés, cet immense patchwork d'une humanité unifiée et mouvante, est une étape de l'aventure humaine où c'est en étant soi-même que l'on peut attirer l'autre. Et lui vendre œuvres et produits. « *Das Auto* », dit Volkswagen en allemand dans le texte car cela suffit. Là où Renault ou Citroën communiquent… en anglais. Restons français, dit Bernard Arnault en revenant de Belgique et en se rendant compte que ce qu'il vend, c'est d'abord une culture.

Il faut penser cette question difficile, maintes fois entendue mais sans réponse satisfaisante : pourquoi les Français, mais également les Européens, sont-ils si pessimistes sur leur avenir commun ? Sur l'avenir de la France, mais aussi sur la puissance de l'Europe et de l'humanité maintenant rassemblée pour affronter son avenir commun ? Bientôt neuf milliards d'humains pensant, cherchant, travaillant et agissant ! Une puissance inconnue. Pour l'invention ou la guerre ; pour la création ou la disparition.

Certes, on peut répondre crise, chômage, Hollande, socialisme..., que sais-je encore. Mais pourquoi nous et pas les autres ? Pourquoi même les Irakiens croient-ils plus en leur avenir ? Certes, pour les Irakiens, les Maliens, les Afghans..., on peut dire : quand on est au fond du trou, il ne reste que l'espoir ! Mais autour de nous, en Europe, au sein de ces peuples qui se sont alliés pour qu'il n'y ait plus jamais de guerre sur ce continent hier ravagé, quelle est notre malédiction ?

Certes, la France rame face au chômage, et en particulier celui des jeunes et des femmes depuis trente ans ; certes, la crise augmente les écarts de richesse ; certes, nos libertés privées nouvelles induisent une mise à l'écart de plus d'un million de femmes avec enfants dans nos grands quartiers populaires ; certes, sept millions de Français sont seuls, dont beaucoup de personnes âgées. Il faut rénover la redistribution, investir dans la formation, s'ouvrir au monde numérique, stabiliser le cadre réglementaire et fiscal des entreprises, mobiliser les riches (et les services du fisc...) pour légitimer la pression fiscale. Néanmoins, il faut regarder la réalité en face : nous ne sommes pas le peuple le plus malheureux du monde, ni même d'Europe. Notre désarroi est plus politique que privé. Il est constant depuis vingt ans au travers des alternances. Certes accentué par la crise, certes renforcé par des pouvoirs successifs peu aptes à montrer une direction, mais la cause en est plus profonde. 2002 n'est pas si loin, avec un candidat Front national au second tour d'une élection présidentielle. Attendons 2017.

Plus que la réalité de la vie de chacun, c'est l'idée même de notre vie commune qui est en crise. Nos vies privées sont meilleures que le projet de faire France. C'est l'imaginaire qui nous rassemble qui est catastrophique. Un pays sans repère et depuis longtemps, rongé par le doute sur lui-même, ses forces, son destin, ses valeurs. Le drame des Français, c'est de ne plus croire en la France. De ne plus croire à leurs politiques, peut-être même à *LA* politique. Ce désarroi est ancien. Il surgit peut-être de la mémoire de Vichy, quand le régime avait courbé l'échine, et du mythe gaullien du pays vainqueur. Mais il a été accentué dans les années 1980. Après la première alternance, nous avons étatisé en France une part de l'économie, au moment même où les régimes communistes vacillaient… La France avançait loin du monde sans voir que le récit qui structurait notre imaginaire politique national était obsolète, dépassé. Même s'il sert encore aujourd'hui de bouée de sauvetage à certains extrémismes. La gauche n'a pas encore accepté qu'économie et politique se côtoient et que leur autonomie réciproque soit la base de nos libertés individuelles. Quand le politique domine, on glisse vers le totalitarisme ; quand c'est l'économie, on va au fascisme. La régulation politique ne doit pas être relâchée, mais l'économie a sa créativité propre qui a sa force et sa beauté spécifique.

Le monde a tourné une page qu'il a payée de cent millions de morts. L'humanité vit les joies et les souffrances de son unification sur une seule petite terre fragile. La révolution ne fait plus sens en Europe. Fin du mythe politique français. Rupture du récit collectif, incapacité à penser le réel, à valoriser ce qui marche, à améliorer, réformer, espérer.

Autrement dit, le pessimisme français vient plutôt de notre imaginaire national, laminé par les alternances et sans renouvellement du logiciel intellectuel du champ politique, que de notre situation difficile. C'est aussi pour cela que nous avons du mal à nous en sortir, regardant sans cesse vers le passé plutôt qu'en projetant nos atouts vers le monde qui éclôt. Nous sommes comme un pape sans dieu. Comment pourrait-il être optimiste ?

Moins que d'autres, nous pouvons vivre sans fierté politique, sans portage de valeurs, défense de l'héritage. Et cette nation, fondée dans le politique, n'a pas alors trouvé nécessaire de penser « un modèle français de développement ». On parle de modèle anglo-saxon, de modèle rhénan, mais on dirait que parler de « modèle français » fait ringard, comme si nous ne pouvions être qu'une nation philosophique et historique. Au sein d'une Europe qui n'est pas fusion mais alliance de modèles culturels de développement, après avoir revalorisé le drapeau bleu blanc rouge contre l'extrême droite, il va falloir revaloriser l'idée « d'un modèle français de développement ».

Comme l'esquisse Laurent Davezies[1], il va falloir d'abord valoriser le fait que notre héritage politique colbertiste nous a forgés en grande nation fabricante de firmes agissant dans les métiers des biens collectifs… Et notre vieille République monarchiste, avec sa ville-lumière, a fait de la France une grande nation du patrimoine, du tourisme, du luxe, de la communication et de la culture. Nous avons deux lignes de production de firmes-monde ultraperformantes. Et dans le deuxième secteur des acteurs puissants de la mondialisation, les métropoles-monde, nous ne sommes pas mauvais non plus, avec Paris bien sûr, mais aussi Lyon et Marseille. Sauf que nous les confondons avec des préfectures.

Ce qui nous freine, notre culture égalitariste abstraite, sera notre accélérateur quand nous saurons y mettre une direction et une fierté, autour de ces deux forces montantes : les métropoles et les firmes. À l'observation des codes, des discours et des pratiques collectives dans ces deux éléments structurants de nos sociétés, on est surpris de voir à l'œuvre des démarches quasi semblables. D'ailleurs, le prix du sang, qui ne se

1. *La République et ses territoires*, *op. cit.*

paie plus guère mais encore, pour défendre sa patrie, se paie d'une certaine manière dans les suicides d'entreprises, rituel de dénonciation tragique. La mondialisation est portée par des lieux où la société collaborative et la vie charnelle se superposent et se complètent. En particulier, les grandes firmes-monde, et nous en avons d'excellentes, et les métropoles puissantes, à arracher aux pesanteurs de la vie politique locale française, seront nos premiers moteurs de développement : Paris, ville mondiale avec Roissy; Lyon, métropole sœur de Milan; et Marseille, métropole du monde de la mer, berceau de la mondialisation. Mais d'autres lieux s'inscrivent dans la même dynamique. Saclay, où recherche et capital-risque communiquent; de grandes universités inscrites dans un incubateur économique ou plus simplement de vieux métiers, boostés par le monde numérique, notamment dans le commerce et la logistique. Parfois même l'agriculture et l'énergie.

Nous avons les armes, nous avons les compétences – ou du moins une bonne partie – mais nous n'avons pas le scénario ni le projet. Notre vie politique est tragiquement restée cantonale. La mondialisation est une immense aventure où chacun apporte ses savoir-faire les meilleurs, ses découvertes ancestrales, sa structure culturelle la plus intime, sa volonté de découvrir l'autre en voulant rester lui-même. Notre problème n'est pas de nous lancer dans le commerce monétaire comme les Anglais ou la machine-outil comme les Allemands, mais de penser nos compétences spécifiques dans la mondialisation, nos savoirs hors marché qui structurent notre rapport au marché. Car ce sont les fondamentaux culturels qui structurent les savoir-faire, la créativité des individus et des groupes ; et ce sont eux qu'il faut réarmer en période d'hésitations et de ruptures.

Notre avenir est en nous-mêmes. Dans l'analyse de ce que nous savons faire et avons su faire, mais projetés dans un monde horizontal en recherche d'un modèle durable, en réseaux, numériques et collaboratifs. Reformer la France, c'est d'abord mieux la connaître. Valoriser ses grands savoir-faire, ses valeurs enracinées, dans des firmes et des entreprises, des territoires. Il n'y a pas d'économie sans lieux et sans liens[1]. Nous

1. Pierre Veltz, *Des lieux et des liens. Essai sur les politiques du territoire à l'heure de la mondialisation*, l'Aube, 2012.

avons à penser le modèle productif français dans la période technologique actuelle et dans la présente phase de la mondialisation. La sortie de la crise où nous sommes, notre apport à un modèle durable de développement, seront enfants de Colbert et de l'héritage de ce pays philosophique, d'art de vivre, des Lumières tout autant que du tourisme rentier, de l'amour des modes de vie populaires, paysans, ouvriers, mais aussi l'extraordinaire emblème de Paris ville-lumière parmi les merveilles urbaines des villes-monde.

Alors la politique doit quitter son costume idéologique pour se saisir du réel au travers de systèmes de valeurs sous-jacents à chaque camp politique. Et la France, parce qu'elle souffre particulièrement, peut être le lieu du renouveau car nous sommes une grande puissance : les capitaux étrangers investis en France sont plus faibles que les capitaux français investis à l'étranger. Nous sommes le pays le plus visité du monde, nous avons des forces et des faiblesses… mais nous n'avons plus de récit politique et nous nous autodétruisons. Où est le rapport à la nature ? Où est la révolution informatique ? *Quid* d'une démocratie collaborative ? Comment penser les anciens ? Quel rôle culturel voulons-nous porter dans la mondialisation ? Quelles valeurs ? On ne peut pas vivre sans mythes et sans récits, comme on ne peut être des individus désirants et agissant sans groupes, communautés de destins, patrie, humanité de contemporains. Le modèle français, s'il doit être économique, culturel et technologique, doit être aussi porteur d'une vision d'un monde global et d'une proposition de la place de l'homme dans une totalité aussi imprévisible.

Pour porter ces bouleversements, il faut redonner de la force à la démocratie. Particulièrement en France, où la carte politique est figée depuis deux siècles, et où la majorité des citoyens ne travaillent pas là où ils habitent, induisant une inerte démocratie du sommeil qui valorise le silence, l'école et la sécurité plus que du projet et du développement. Quand on parcourt, chacun, en moyenne 45 kilomètres par jour, cela entraîne que 61 % des citoyens ne votent pas dans la commune où ils travaillent. Il faut donc commencer par réunifier le territoire de la démocratie, c'est-à-dire l'habitat et le travail. La structure légitime de base doit correspondre à une démocratie qui intègre la mobilité. Ce qui correspond à peu près aux grandes métropoles et aux départements en espace rural. Favorisons donc les métropoles élues au suffrage direct et les départements ruraux sur le même modèle.

Et appuyons, sur ce corps politique renouvelé, la charge du foncier, de la sacralisation des terres agricoles, du logement, du développement économique et de la rénovation collaborative du modèle social. Ensuite, agrandissons nos régions pour atteindre à des territoires culturellement cohérents : régions alpines (Nice, Marseille, Lyon, Grenoble), Occitanie, Franche-Comté/Lorraine, Normandie unie, Bretagne avec Nantes… Ce n'est pas à moi de décider, mais c'est la cohérence culturelle des rapports à l'art de vivre et de produire qui doit être le critère. Enfin, pour gérer la proximité, cellule de base de la démocratie, il faut sans doute faciliter les fusions volontaires de communes et inventer la démocratie urbaine de proximité. Il manque mille communes de proximité dans nos grandes villes qui pourraient être calquées sur la carte scolaire des collèges – territoire de base d'une démocratie d'éducation. La cité est en France sous-démocratisée, ce qui est une des causes importantes de la constitution de ces marges appelées « quartiers » et qui sont des non-lieux politiques. Ce n'est pas la réforme de la classe politique qui est en jeu, mais la refondation territoriale de la démocratie et de l'égalité dans une organisation qui ait du sens culturel et qui favorise une citoyenneté vécue.

Ce travail géopolitique est indispensable pour sortir d'une république des maires et des notables « de petits blancs ». Il est indispensable pour favoriser la diversité politique de la grande ville et pour articuler art de vivre, innovation et création de richesse. Mais il y faut des principes, des valeurs, pas des débats abscons sur le niveau administratif de trop, le nombre d'élus… Ce qui est vrai à Paris peut être faux en Corrèze. Il faut poser des principes, écouter les spécialistes et en même temps réétudier les structures de notre modèle social à l'aune des réseaux collaboratifs. Double tâche gigantesque qu'il serait mieux de faire avant des révoltes et des violences.

La France qui vient peut être *brune*. Chaque jour nous y pousse un peu plus. Le chômage nous ronge, la vie publique est violente, le pouvoir est contesté, pire, rejeté. Les enfants des régimes totalitaires du XXe siècle reprennent de la force, à droite comme à gauche. Les uns au nom d'une quête d'identité dévoyée, les autres, d'une égalité vidée de sa créativité. Mais tous comme parangon d'une société fermée, d'un rejet d'un monde et d'une société ouverte. Le refus de l'autre se cristallise sur la peur de l'islam, le rejet de l'argent, le mépris des créateurs, des journalistes et des intellectuels. La dégradation des politiques. La place nouvelle des femmes angoisse les plus fragiles. La liberté donnée aux homosexuels insupporte les bien-pensants.

Mais cette France qui peut être brune peut encore être sauvée par la régénération de son amour du monde, sa passion de l'universel, sa compréhension des bouleversements qui nous animent et nous entraînent. Car le monde est beau. Ce que les humains en ont fait est d'abord grandiose, magnifique, infiniment divers, avant que d'être polluant et violent. Quel intérêt auraient une banquise immense, un climat constant, des mers propres, des rivières pleines de poissons sans les humains pour le voir et le dire ? À quoi sert un champ sans paysan, une forêt sans bûcheron, une plage de sable fin sans baigneur ? Que de chemin depuis la mythique Lucy ! Que de cultures inventées, de techniques développées, de savoirs et de créations, d'amour.

De meurtres, de morts et de guerres aussi, de déviances, de tortures, de pollution. Certes, mais le solde est grandiose, l'humanité vivante.

Méditations sur le modèle social et politique européen[1]

Je veux apporter ici quelques idées sur la crise de notre modèle politique européen qui paraît usé en bien des pays et au niveau de l'Union. Ce modèle, si performant, est le fruit du blocage de l'armée rouge à Berlin en 1945. Car la guerre froide, en se concentrant en Europe le long du rideau de fer, a favorisé à l'Ouest une cogestion capital/travail exceptionnelle tant la peur du communisme était puissante. Les revendications populaires y ont ainsi été « mieux écoutées ». Il y a eu là une période de près d'un demi-siècle, exceptionnelle dans l'histoire des sociétés, sorte d'intermède de l'affrontement social, qui a donné des résultats puissants. Présentons différents points :

1. Texte repris à partir d'un article publié en 2011 dans la revue *Esprit*.

1) *L'apport des social-démocraties à un modèle social de régulation économique par le politique a été considérable.* Ce corps de valeurs et d'idées, issu de 1848, avec la mise au centre de la question sociale, a été au cœur de 1936 et des modèles de régulation instaurés en 1945 en France, mais aussi en Grande-Bretagne et en Allemagne. Il y a là une réussite extraordinaire qui prolonge, amplifie et organise les innovations de la Troisième République. Éducation de masse, paix, santé, solidarité, retraite... et Union européenne. Le politique est devenu légitime à réguler l'économie et à user de l'État dans ce but. Cette légitimité a été acceptée par les droites jusqu'au tournant du XXe siècle. Depuis, la question identitaire taraude souvent les droites et la social-démocratie est à court de projet et de vision *parce qu'elle a réussi à faire aboutir ses propositions.* Mais elle ne sait pas valoriser ces réussites comme siennes et porter une nouvelle étape du monde et de l'Europe.

2) Ce modèle a pu être mis en place en Europe de l'Ouest en réaction à *la violence fondatrice terrible des fascismes et de la guerre.* Mais aussi par *la crainte de la révolution communiste.*

La permanence du risque communiste jusqu'en 1989 a permis à ce modèle régulateur de perdurer tardivement dans le XXe siècle sans avoir à intégrer les mutations profondes du monde d'après 1945 : individuation, mais aussi écologie, féminisme et mondialisation. *Autrement dit, le succès des idées de 1936 et de 1945 a fait rater « les innovations de la période 1968 ».*

3) Cela fut particulièrement vrai en France où *1981 apparaît comme un archaïsme* sur bien des plans, notamment économiques. La France, qui nationalise l'essentiel de l'économie huit ans avant l'effondrement du mur de Berlin (!) et dix ans avant l'implosion de l'URSS, est une fusion tardive d'un modèle de liberté individuelle et de choix de régulation autoritaire. 1981 est de ce point de vue l'achèvement (par la gauche) de 1945 avec parfois les mêmes acteurs et les mêmes fondamentaux – y compris l'Union de la gauche. En revanche, 1981 est précurseur en matière de liberté (individuelle, médiatique, locale).

4) *Depuis, l'incapacité socialiste à penser le totalitarisme « du socialisme réel » fait blocage.* L'alliance « à gauche » reste concevable en

France et une rhétorique de changement de système économique continue à animer les débats militants. *1981 n'est pas évalué, 1989 n'a pas été pensé. L'autonomie nécessaire de l'économie par rapport au politique n'est donc pas reconnue.* Par conséquent, il n'y a pas eu recherche et définition des nouveaux adversaires d'une société de plus de justice, de solidarité et de créativité. À l'inverse, les droites, tout imbues de leur meilleure compréhension du rôle des entreprises et du marché, ne se sentent plus tenues au respect de leurs adversaires car elles ne craignent plus la révolution.

5) Dès lors, là où le XIXe siècle et 1936 avaient compris que les politiques sociales avaient clairement à se bâtir contre des intérêts financiers et industriels, la social-démocratie n'a pas su identifier *la question du réchauffement climatique et des rapports des hommes à la nature comme nouvel adversaire principal*; ni penser la mondialisation comme *une humanité réunifiée au destin terrien lié définitif* – avec des problèmes écologiques mais aussi identitaires. Le renouvellement social-démocrate ne peut donc se faire en interne par des processus de rénovation *car c'est le logiciel*

d'analyse des enjeux et des changements qui est dépassé. Des générations de leaders intelligents s'abîment depuis un quart de siècle devant cette impossibilité.

6) Faute d'avoir déplacé sa vision politique centrale, la social-démocratie *et le parti socialiste en particulier, n'ont alors cessé d'en rajouter sur les difficultés sociales et les exclusions*, favorisant au final les discours d'ultragauche et d'extrême droite. La vision globale du social redevenant politique de la charité, les couches populaires et moyennes ont tendu à s'en séparer. S'il est très positif d'avoir créé de nouvelles protections (RMI, CMU, RSA…), *cela ne peut faire office d'un projet de société.* Parallèlement, les grands acquis des politiques sociales-démocrates, l'éducation, la santé, la culture, la sécurité, les retraites…, n'ont pas été en permanence évalués et réinventés, bien souvent au nom de la défense « des acquis ». Dès lors, les forces de contestation et de propositions sectorielles n'ont plus été écoutées. Et la mise en place du nouveau modèle social collaboratif n'a été ni comprise ni préparée.

7) *Le parti socialiste est ainsi devenu un bon parti gestionnaire tenu par des réseaux* d'énarques et d'anciens révolutionnaires souvent trotskistes, voire de bébés apparatchiks montés par la persévérance et la souplesse doctrinaires. Il est aujourd'hui une entreprise moyenne qui fait vivre de vingt mille à trente mille personnes (*a minima !*) dont, comme dans toute entreprise, la défense de l'emploi est le premier projet. C'est légitime. Ses grands élus-patrons urbains-énarques sont compétents pour assurer les gestions locales, et même pour gérer les grands comptes de l'État, mais ils sont désarmés pour penser le monde et l'avenir de l'homme. Or là est le cœur de la politique. Et la mondialisation remet tout cela sur l'ouvrage. Les échecs de la gauche au niveau national, et ce dans toute l'Europe, en particulier face à la crise, témoignent de *l'absence de production de sens face aux risques nouveaux, climatiques et mondiaux – y compris migratoires et identitaires* – et par conséquent, *d'une absence de sens des crises qui sont le régulateur d'une économie de marché.*

8) Depuis 1989, la droite a ainsi pu à outrance valoriser *le modèle de performance de l'entreprise comme modèle unique économique, social et privé*

(performance y compris sexuelle) *et modèle public* (le service public devenant une quasi-entreprise dans ses finalités). Espace public et performance privée ont été confondus sous la houlette des valeurs de l'entreprise et du profit. L'ultralibéralisme financier n'a plus eu d'adversaire. La réussite se mesurant par l'argent gagné, les écarts se sont creusés entre les revenus, au point qu'en 2008 des masses monétaires accumulées et prêtées se sont trouvées face à des millions d'acheteurs insolvables dans l'immobilier américain et qu'on a dû mettre de l'argent public pour recapitaliser les banques privées ; avec les suites que l'on connaît. *La différence entre public et privé s'est même effacée au profit de la mise en public de l'intime en lieu et place du débat d'idées.*

9) La réussite sociale-démocrate en Europe après guerre a donc vidé ses partisans de projets et ils sont devenus les grands défenseurs de leurs réussites passées dans un contexte de triomphe de la culture du profit et de la réussite individuelle. *Il ne peut donc y avoir rénovation en interne mais refondation du « logiciel 1848 et 1936 ». La social-démocratie, particulièrement en France, doit inverser l'ordre de ses adversaires.* Il ne s'agit pas

d'un divorce rapide avec de vieilles idées pour une quelconque urgence électorale mais d'une reconstruction autour du « logiciel 1968 » (individuation, féminisme, mondialisation, développement durable) et du « logiciel 1989 » (marché et démocratie en garants réciproques) en poursuivant parallèlement la modernisation permanente des idéaux de 1848 et 1945.

10) Il ne m'appartient pas de donner des conseils aux leaders du parti socialiste mais de dire que trois « logiciels intellectuels » – ceux de 1936, de 1968 et de 1989 – doivent trouver les voies d'une alliance, voire d'une fusion, autour de la question du rapport entre nature et humanité. Cette question doit être mise au centre du champ politique *sous la pression du risque climatique qui va à l'avenir faire office d'aiguillon extérieur comme le risque communiste l'a réalisé après guerre* car les descendants des très riches sont, comme ceux des très pauvres, en danger d'avenir. Pensons en termes d'écolo-démocratie.

11) Les difficultés des droites résultent de l'analyse précédente : jusqu'en 1989, au-delà des affrontements souvent sous-tendus par la ques-

tion coloniale et le conservatisme des mœurs, la construction du modèle social fut en partie une œuvre commune. Les uns par conviction, les autres par prudence. Mais la fin du risque révolutionnaire en Europe, liée à la fin de la coalition des salariés par le travail et à l'effondrement de l'URSS, laisse les droites désorientées. Jacques Chirac fut un néo-social-démocrate, Nicolas Sarkozy, l'adepte fugace d'une droite de l'argent. En réalité, ils ont gouverné par la dette sans pouvoir porter une nouvelle vision de la France dans le monde ni une vision neuve de l'Europe.

12) En France, le parti socialiste est puissant en élus, électeurs, réseaux et mémoire de 1936 et 1981 (mais sans évaluation) le centre est libre face au marché et proche de 1989 ; Europe Écologie les Verts est enfant de ce que j'appelle le logiciel 1968. L'alliance de ces trois cultures peut ouvrir à une position profondément innovante de la gauche française. Sinon, la vieille maison socialiste va devoir être laminée élection après élection, comme le fut le PCF en son temps, pour dégager l'espace de la novation. Il y faudra au moins une génération, sans doute plus, interrompue par des phases ultralibérales de plus en plus violentes. Ce

temps peut être gagné si chacun accepte que la gauche est d'abord un corpus de valeurs et d'idées, avant d'être une machine électorale.

13) À droite, on hésite entre une pensée identitaire et une écologie d'autonomie et de responsabilité des acteurs. Surtout, libérés du risque révolutionnaire, on revient au vieux fond des droites françaises qui considère la gauche comme illégitime à gérer le pays, pour ainsi dire par nature. Alors, la violence des propos contre les gouvernements de gauche marque plus une frustration profonde, culturelle et intime, que le portage d'une autre vision puissante. La non-action de Jacques Chirac et l'agitation de son successeur sont ici des preuves massives de ce vide de sens et de projet. D'où le très grand danger d'être séduit par le sens clair, mais mortel, que porte l'extrême droite.

Depuis 1989, la peur du communisme qui avait tant fait avancer l'Europe a disparu. Notons que vis-à-vis des anciens États d'Europe centrale, qui ont vécu la dictature russo-communiste, nous sommes en dette, car leur souffrance fit notre succès. Un grand référendum de réunification de l'Europe après 1989 aurait été un événement politique majeur. L'occasion fut ratée, comme chacun sait. L'Europe a alors cédé à une financiarisation sans bornes et les écarts de richesse entre les plus riches et les plus pauvres se sont aggravés. Progressivement, modèle européen et modèle américain se sont rapprochés alors même que nous n'avons pas du tout la même acceptation des inégalités, ni les mêmes stratégies pour essayer individuellement de lutter contre.

Surtout, les destins des États-nation européens ont divergé. L'Allemagne fut portée par sa réunification, qui est une immense aventure et un renouveau de fierté. Sa parole politique est redevenue légitime. Or nous en avions oublié les fondements – l'équilibre des comptes publics et les liens forts avec la nature en particulier. En outre, le modèle régional qui lui fut imposé en 1945 lui donne une adaptabilité entre territoire, économie et politique forte. Et l'acceptation par les salariés allemands de salaires très faibles pour des millions d'entre eux illustre bien qu'ils ont accepté de payer individuellement le prix de la réunification allemande. La Grande-Bretagne, elle, a d'immenses facilités à se glisser dans le monde numérique et collaboratif car l'échange est le cœur de son savoir-faire depuis au moins deux siècles. Quant à l'Espagne et au Portugal, malgré le retard considérable dû à des dictatures longues, ils sont portés par le renouveau du modèle hispanique transatlantique – qui touche jusqu'aux États-Unis. Il y a là une liaison entre la pensée sociale-démocrate et la théorie de la libération, qui fait que nombre des utopies politiques de ces dernières années, le Chiapas, Porto Alegre, Lula, la place nouvelle des peuples premiers, la place des femmes en politique (Chili, Argentine, Brésil)..., le pape François, nous viennent de ce continent. L'Italie et la Grèce sont des isolats culturels en difficultés.

La France est dans une situation difficile. Le mythe révolutionnaire y fut plus tardif, le rapport à la nature plus proche du catholicisme[1]. La régionalisation ne fait que débuter, et sans grande cohérence culturelle des découpages. Les métropoles sont balbutiantes, malgré une assez bonne loi votée en 2012 qui sera

1. Jean Viard, *Penser la nature. Tiers-espace entre ville et campagne*, l'Aube, 2012.

vraiment porteuse en 2020 quand les patrons des métropoles seront élus au suffrage direct. Et la France, qui se racontait l'Union européenne comme une grande France dont elle serait le cœur politique et culturel, a perdu cette perspective devant le retour légitime de la diversité des cultures nationales. La France, pays moniste qui a fait beaucoup pour effacer les diversités historiques en son sein, se retrouve prise en ciseaux entre des minorités migrantes qui revendiquent leurs différences et une Union où la fin des économies nationales, où chacun fait un peu de tout, valorise la dimension culturelle des particularismes productifs. La France doit donc se penser partielle, avec des compétences spécialisées liées à son histoire et à sa culture. Mais cela, nous l'avons dit, est difficile dans un pays qui se veut porteur de valeurs universelles. Il y a un long chemin à parcourir pour que l'idée d'universel se distingue d'une pensée moniste et sache intégrer droits universels des hommes et puissance de la diversité des cultures dans le corps de la nation, l'Union européenne et le monde. Mais la France ne sortira de sa nostalgie et de son pessimisme qu'à cette condition.

Finalement, l'Europe doit maintenant se trouver un destin en elle-même et non plus contre un adversaire avec le soutien américain. Ou alors, elle peut devenir brune et se mobiliser contre son Sud! Mais, pour se fonder sur elle-même, elle doit arriver à valoriser son modèle social, et à penser en même temps la diversité de ses mutations nationales actuelles.

Dans ce contexte, si certains peuvent se réjouir des succès des Verts en France, hier en Allemagne, ce qui compte au final, c'est la capacité à reconstruire un dialogue politique avec deux camps à vocation majoritaire, en France et en Europe, dans le cadre refondé d'un développement durable. Une logique écolo-démocratique fait face à une logique identitaire qui elle-même peut s'ouvrir à l'art d'inventer et de produire. Le danger serait d'opposer front à front une vision d'un monde ouvert à celle d'un monde fermé. Nous avons d'abord un héritage commun, notre modèle social européen que nous ouvrons aux pays d'Europe centrale. Peut-être demain à la Russie, l'Ukraine, voire la Méditerranée. Ensuite, la donne écologique doit devenir centrale. Enfin le curseur des identités et des diversités doit être manipulé avec prudence, mais il doit l’être, car nous avons besoin d’un plus des deux. Le tout, si possible, mais ce n’est pas sûr, sans passage par des pouvoirs bruns. Pas facile.

Conclusion

Il faut recommencer à penser le présent à partir de l'avenir. Nous avons besoin de savoir où nous voulons aller pour se rassembler, à nouveau, vers un horizon et un chemin. Sinon, les forces qui regardent vers le passé vont, comme dans les années 1930, chercher la mort du présent pour tenter de faire réapparaître le passé. Nous en avons de multiples exemples, dont l'islamisme ou les nationalismes résurgents sont les plus frappants. Mais si ce besoin de futur doit être affirmé et si possible dessiné, il faut le faire à partir d'une vision juste de la société d'aujourd'hui. On pense toujours le présent avec les cadres et les apprentissages d'hier, surtout dans une période où les bouleversements du réel sont si rapides et où les formes du politique, longtemps retenues par la guerre froide sur un modèle ancien, ont brutalement été libérées de leurs cadres issus de la révolution industrielle

– gardons en mémoire 1989 – et la fin de l'idéologie politique de l'affrontement capital/travail comme dominant légitime.

L'avenir sera forcément celui d'une espèce réunifiée après des milliers d'année d'errance sur une terre unique et limitée. Qu'on le veuille ou non, c'est le cadre futur de notre aventure. On peut réguler les flux d'hommes, on peut tenter de retourner la société collaborative pour créer un monde orwellien. Mais les forces de survie de l'homme sont telles que toujours, même avec des pertes énormes, les humains tenteront de s'échapper des mauvais lieux vers ceux qui paraissent meilleurs. On dit que sur trois jeunes qui quittent le Mali, un arrive vivant en Europe. Pourtant, le flux continue tant le désir de vivre est puissant.

Pour affirmer notre destin insécable, l'unité écosystémique du système terre est encore plus incontournable. Cela ne veut pas dire que toutes les portes doivent être ouvertes, partout, à tous et tout le temps ; cela veut dire que, de toute façon, le destin de l'humanité sera solidaire ou ne sera pas.

De ce point de vue, après des millénaires de façonnage lent de cultures adaptées expressément à un micro-lieu, nous sommes entrés dans la deuxième période. Le temps du rassemblement de ces diversités a commencé – et comprenons que nous ne savons plus produire de nouvelles cultures : nous sommes trop interconnectés pour que le long polissage d'un groupe d'hommes isolés innove de manière radicale. Même si la révolution numérique et bien d'autres à venir vont continuer à insuffler de la novation partout. Ce stock de formes culturelles est notre plus grande richesse pour l'avenir. Nous sommes à six milliards dans la même position que les quelques astronautes qui partiront vers Mars. Il faut n'avoir rien oublié, et avoir pensé aux activités du voyage. Chaque diversité est alors un trésor.

Dans ce monde unifié, où la pression des forces de la marchandisation de toutes choses sont considérables, le risque du mélange gris de toutes les cultures est réel. Aussi, l'on voit partout monter des désirs, souvent violents, de préserver des cultures ancestrales. Ces conservatismes sont à la fois danger de clôture et de mort, et protection patrimoniale de notre plus grand trésor. L'avenir de l'humanité est certainement dans ce jeu entre valorisation de l'unité humaine et respect de la diversité des cultures et des croyances. Sans doute, pour faciliter la mobilité des hommes, faut-il fortement territorialiser les héritages identitaires. Mais sans les fermer. Ce fut d'ailleurs depuis deux siècles un des rôles du tourisme que de valoriser l'unicité des lieux.

Mais d'abord, apprenons à penser le présent avec le regard du présent. Des classes classant moins, des nations moins légitimes à imposer leurs coercitions coordinatrices et guerrières, une multiplication des appartenances et des *habitus*, des retours identitaires ethniques, religieux ou territoriaux. Et une société collaborative en plein essor qui permet le lien, le partage, le vivre-mieux sans voisiner et quasiment sans dépense : intégration des femmes et des hommes dans un groupe adulte majoritaire, âge jeune allongé, retraite comme vacances longues mais souvent citoyennes. Mais aussi unité du monde, instantanéité planétaire, réduction des écarts de richesses entre les lointains mais augmentation dans le proche, refuge planétaire de la richesse dans des petits paradis virtuels et ensoleillés. Et une petite terre finie et perdue dans l'univers lancée à une vitesse folle dans un vide sidéral où s'agitent, consomment, produisent, créent et polluent des humains de plus en plus copulatoires mais enfantant de moins en moins.

Que diable peut-on faire de cette période de l'*Homo sapiens-sapiens* ? Y vivre, finalement, et on y arrive de mieux en mieux même si on sent peu les progrès de la vie de génération en génération. Et surtout, ceux qui vivent très mal, ou qui meurent, occupent à juste titre nos préoccupations et nos informations. Mais ne croyons pas qu'ils sont de plus en plus nombreux. Les camps de la mort, le goulag, étaient des outils de meurtre de masse sans image. Il a fallu en reconstruire les images, par créations, enquêtes, romans, films, musiques, rares témoignages. On n'a pas lu un livre « par million de morts » sur cette terrible époque. Et déjà il aurait fallu en lire cent. L'assassinat de Kennedy tient, seul, une bibliothèque entière.

Pour avancer dans ce monde où tout ou presque est à inventer, dont le récit est encore libre, il faut donc avoir accepté la fin des grandes appartenances de classe, la fin du droit et du besoin de l'autorité nationale coercitive, celle du père aussi, du mari. Si cela crée des nostalgies fortes, en particulier en Europe et en France, cela ne signifie pas la fin des liens et des appartenances. Ce livre a tenté de le montrer, bien d'autres chercheurs y travaillent : les *habitus* privés, les réseaux tribalo-familiaux, l'unité temporelle de la planète et la société collaborative sont venus lier une société de l'aléatoire vécue par séquences et périodes courtes.

Autrefois, ce qui « obligeait » était l'emploi. Il structurait tout : l'espace, la famille, la politique. C'est désormais au moins autant l'art de vivre et l'identité qui organisent d'abord la société. Même si les rapports de domination existent toujours avec un entassement choquant de défavorisés, de plus faibles, autour des firmes et des métropoles servant de volant de main-d'œuvre souple et disponible. Ainsi, de fortes précarités, des pratiques néo-sédentaires font face à une culture du loisir et du temps pour soi dans une société de mobilité qui dicte les choix, mais aussi les lieux de vie.

Le local retrouve des couleurs sous le nom de proximité, d'économie présentielle ; mais ne nous trompons pas : c'est un local ouvert et notre intérêt pour lui est discontinu. Le monde global nous passionne tout autant, avec une course « aux nouvelles » de plus en plus en temps réel. La proximité est le petit frère de l'unité du monde. Si on les sépare, ils mourront.

Les prochaines décennies seront décisives pour trouver un équilibre, dans ce monde nouveau, y bâtir un récit qui rassemble, permettre à chacun de trouver sa place et les moyens – stables ou instables – d'être acteur de son existence. La démocratisation de ce monde mobile doit être renforcée, l'unité du monde valorisée comme épique. Car dans une telle société de discontinuité et de mobilité, la population n'est pas initiée de manière égale aux nouveaux codes, aux nouvelles logiques, à l'art de saisir les opportunités. La mobilité s'apprend mais, pour cela, doit être enseignée, encouragée, démocratisée. Il est essentiel de raccorder les « exclus de la mobilité » (pauvres, personnes âgées, etc.) à la mobilité, au risque sinon qu'en périphérie de la société de la mobilité ne se développe une société néo-sédentaire… Et cela vaut pour l'entrer en société numérique où l'État doit commencer à équiper en haut débit les territoires les plus inaccessibles, « monde rural profond » et quartiers relégués, jeunes. Et, paradoxalement, cette mobilité à démocratiser doit aussi intégrer rapidement ses effets négatifs sur l'environnement, et parfois les sociétés d'accueil. Mais attention aux rêveurs d'un monde relocalisé. Ils portent la mort.

Alors il faut faire récit de cette époque nouvelle. Faire œuvre de la penser et de la dire.

Il faut dessiner l'utopie de cette humanité de neuf milliards d'individus cherchant à défendre ses particularités et à valoriser son unité tout en inventant un équilibre possible avec la nature. Si nous y réussissons, jamais l'homme n'aura vécu dans un monde aussi passionnant, multiple, lié, résonant. Mais comment organiser des rapports de force protecteurs, des valeurs, des solidarités dans ce monde-là ? Tout est à inventer. Cela va occuper le XXIe siècle. Nous en sommes au début. Au tout début. Surtout qu'il faut penser à la fois l'individu face à la totalité du monde, le monde dans son unité, ses risques et sa merveilleuse diversité, les bruits de multiples identités ravigotées, un monde où les femmes parlent, où l'ordre public des hommes se défait lentement, où les ressources sont plus rares, plus difficiles à trouver peut-être, un monde qui chauffe.

Mais un monde qui chauffe tellement lentement, à l'échelle humaine, que cela semble à peine concerner nos vies et celle de nos enfants. Il était plus évident de se battre pour les quarante heures « tout de suite », le droit de vote des femmes, l'école pour tous. Cela fut dur, et n'est pas acquis partout ; mais si on décide, demain on s'y met et cela se voit. Mais le réchauffement climatique ?

La centrale nucléaire japonaise ? L'avancée du désert en Afrique subsaharienne ?... Bientôt, si l'on n'y prend garde, les fous, les fanatiques, les suicidaires tiendront toute la place tant nous voulons vivre – et vivre longtemps. Ce désir nous affaiblit et nous conduit à une société plus douce quoiqu'il en semble. Mourir pour quoi ?

Nul ne sait comment va avancer la révolution numérique. L'économie du disque est à genoux, la presse papier trébuche, le livre hésite, le commerce se cherche, le savoir et l'enseignement tergiversent, les réseaux sociaux sont omniprésents, l'*e*-économie favorise l'innovation et déplace les positions acquises... La politique ? Très difficile à dire. Mais ce qui est sûr, c'est que l'*e*-politique est déjà un acteur majeur, bien que partiel. On l'a vécu en France au moment du refus du référendum européen où internet a joué un rôle majeur, on le voit dans les révolutions arabes où internet mobilise. À l'inverse, on sent l'importance de l'enjeu dans les débats sur les écoutes américaines ou dans les tentatives de contrôle d'internet par le régime chinois.

La question, ici, au terme de ce livre, n'est pas de sortir des solutions clés en main. Les formes neuves du politique sont toujours longues à émerger. Il y faut des visions, des récits, des acteurs, des épisodes, des avancées et des retours. Mais si mon diagnostic sur notre société est entendu, alors on peut apprendre à réfléchir, débattre, organiser autrement. On peut lier État social européen et société collaborative. On peut reprendre la démocratisation de la mobilité. On peut faire avancer l'Europe autour de son extraordinaire modèle social. On peut concentrer la France sur ses firmes issues de la tradition colbertiste et de son exception culturelle et sur ses trois grandes métropoles-monde, sa beauté et son histoire, ses œuvres, ses artistes et penseurs, une éducation réinventée… et dégager notre système démocratique de ses pesanteurs. On peut aussi se concentrer sur les valeurs qui nous rassemblent et accepter, sans angoisse, une moins forte domination de l'ancien modèle vertical national. La France peut rester la France, tout en changeant, se diversifiant, devenant une puissance horizontale d'un monde horizontal. Mais il lui faut, car c'est sa nature collective – au-delà d'un retour au pragmatisme de ses forces réelles, des causes à porter, universelles, autour des droits de l'homme qui, maintenant, incluent de manière insécable une autre relation à la nature.

Il faut y valoriser les forces de l'innovation, de la création, mélanger les créateurs et les entrepreneurs, écouter les enfants et les jeunes, penser des vies longues et heureuses… et redécouvrir le respect réciproque qui doit être au cœur d'une démocratie adulte qui respecte les identités et les différences. Le chemin est immense mais je crois que nous pouvons le trouver.

Texte deux
Chroniques sociologiques

Cette seconde partie vient en complément du texte principal. Elle rassemble des articles écrits en réaction à l'actualité, ou à la commande, souvent d'Alain Genestar, directeur de Polka Magazine. *Je les ai écrits comme sociologue. Et c'est comme tel que j'ai eu envie de les publier ici, car leur écriture me paraît complémentaire du corps principal du livre. Au-delà de ce qu'ils peuvent apporter en propre, ils sont aussi le témoignage d'une manière de faire l'intellectuel dans le débat public.*

J.V.

Un nouveau modèle social est nécessaire

Polka Magazine, 2010

Nous sommes donc entrés dans une civilisation de vies longues et de travail court. Dans ce monde-là, la vie n'est plus structurée par étapes stables, mais elle est nourrie de discontinuités, d'imprévus, de changements. Nous ne vivons pas vingt-cinq ans de plus à l'identique de vies plus courtes, nous vivons une aventure plus longue, à la longueur plus prévisible, et nos imaginaires comme nos stratégies de vivre en sont bouleversés.

Autrement dit, le bonheur de vivre plus longtemps impose d'inventer et de construire de nouveaux équilibres dans un nouveau modèle social. Mais rien n'indique que celui-ci doive être régressif ! La vie ne va pas se réduire, notre créativité et nos amours diminuer, notre richesse s'effondrer. Tout cela va même continuer pour l'essentiel à augmenter, en durée et en qualité, car les progrès de la médecine sont rapides et notre soin des corps ne cesse de progresser. Même si, bien sûr, le moteur du dynamisme des individus et de la société va peu à peu se modifier, le « toujours plus » devant chercher le « toujours mieux ». Alors, où est le problème ? À mon avis, principalement dans la culture de nos politiques.

Car jamais ils n'ont su impulser ce grand débat citoyen, l'immense palabre, sur tous ces sujets dont nous avons besoin. Embarqués dans une obsession du court terme médiatique et électif, les politiques ont perdu toute vision d'avenir. Le long terme paraît avoir disparu de leurs grilles de lecture. Alors que, pour l'essentiel, les phénomènes démographiques sont prévisibles en masse. La société à quatre générations, celle que Jean Fourastié appelait dans les années 1960 « la civilisation des vies complètes », est anticipée par les chercheurs depuis un demi-siècle. Le rapport Rocard a vingt ans. Et tous les pays se posent ce type de question – souvent en parlent longuement. Mais la France vit dans un récit extrêmement historicisé qui fait notre unité depuis la philosophie des Lumières et qui donc demande que les mutations s'y inscrivent. Rien ne sert de dire « les Britanniques ont fait ceci », « les Allemands ont fait cela » (ce qui en plus est faux une fois sur deux). Nous ne sommes pas une île, nous n'avons pas de reine symbolique, nous ne sommes pas engagés dans l'aventure de la réunification allemande… Il faut dire : « Les Français veulent faire ceci. »

Que faire ?

Que faire ? Lénine disait en 1917 : "Les soviets et l'électrification." Autrement dit, du récit symbolique et du réel pragmatique. Je ne suis guère léniniste, mais la formule était bonne. Il faut d'abord enthousiasmer les sociétés sur l'allongement de la vie. Car la vie est le bien premier de l'homme, celui qui prime sur tous les autres. Et si les inégalités d'espérance de vie doivent être fortement refusées et combattues, il ne faut pas faire croire que la vie ne s'allonge que pour les uns. Non, elle s'allonge pour tous malgré l'inégalité. Ensuite, il faut mettre ces évolutions en perspective de notre histoire collective. Dire que de 1848 à 1981, la part du travail dans la vie des hommes a été ramenée de 40 % des heures vécues à 10 %. Valorisons cette avancée extraordinaire faite de luttes sociales et de progrès des sciences et des techniques. Mettons en relation ce bouleversement avec l'allongement de la vie. Et proposons que *ce 10 % de la vie consacré au travail devienne le fondement de notre pacte commun.*

L'héritage de nos anciens, comme Jeanne d'Arc ou saint Louis donc : sacralisation du pacte social comme base d'une nouvelle avancée sociétale.

Alors, bien sûr, quand la vie s'allonge, il va falloir travailler plus en quantité, mais toujours 10 % ! Depuis 1981, on a gagné sept ans d'espérance de vie : il y a donc une augmentation légitime de la durée du travail à calculer. Mais cette évolution doit être organisée avec l'idée que dans notre société individualisée, aux vies discontinues et irrégulières, nous devons avancer vers des solutions à la carte où le choix est au maximum du possible donné à chacun. Nous avons un minimum d'heures à travailler dans notre vie – en ce moment comptons par exemple soixante-dix mille heures (quarante-quatre années à trente-cinq heures) – et ensuite chacun peut les organiser comme il veut, en faire plus, moins s'il est prêt à une très petite retraite…

Pour qu'un changement aussi profond du pacte social de l'après-guerre soit accepté, il ne suffit pas de terroriser les gens avec une règle à calcul et des CRS. Il faut mettre en désir l'évolution pour chacun, pour ses proches et pour la communauté. Il faut une règle qui fasse sens et une règle avec laquelle nous aurons le sentiment d'augmenter nos possibilités de choix et nos libertés de vivre. Chaque fois que la liberté progresse, et que nous le ressentons, nous acceptons les évolutions proposées. Après, on sort la calculette et l'on négocie dur les répartitions des charges nouvelles à faire selon les âges, les groupes, les métiers. Mais la négociation a lieu à partir d'un pacte social repensé et mis en désir. Pas sur les bases d'une opposition simpliste entre conservateurs par souci de justice et réformateurs par obsession comptable.

La médiocre gouvernance du court terme

Polka Magazine, 2011

Il est bouleversant de voir des jeunes manifester pour leurs droits à la retraite ! Quelle époque terrible, où la vie paraît déjà avoir été vécue avant même que sa construction ne commence. Qui d'ailleurs est capable de dire l'état de la société en 2052 ? Mais est-ce la faute des jeunes si leur retraite les préoccupe déjà ? Est-ce une génération de jeunes cons radicaux, ou la gouvernance de nos sociétés est-elle si désespérément vide d'horizon, d'avenir, de futur, que les jeunes en sont à craindre déjà la fin de leur longue peine de travail ? Il est vrai que 45 % des pauvres ont moins de 25 ans ; il est vrai qu'un CDI avant 30 ans relève du bonheur improbable ; il est vrai que la couleur de la peau ou le quartier peut multiplier par deux le risque de chômage. Tentons donc, devant la médiocre gouvernance du court terme qui nous envahit et devant les angoisses des jeunes que nous comprenons, mais avec tristesse, de raconter autrement l'histoire que nous venons de vivre pour lui ouvrir quelques perspectives de long terme.

Une histoire heureuse en passe de mal finir

Il était une histoire heureuse qui est en passe de mal finir. Écrasé par les débuts de la révolution industrielle, la souffrance des mineurs et des ouvriers des manufactures, ce qu'on appelle le mouvement ouvrier s'est peu à peu organisé en France, et ailleurs, depuis 1848. Ses grandes revendications étaient les réductions de la durée du travail sur la journée (passage de douze heures à huit heures), la semaine (passage de sept jours à cinq), sur l'année avec les congés payés, et sur la vie avec le droit à une retraite payée. Il fallut cent cinquante ans pour réaliser ce programme, avec le soutien d'industriels modernistes, qui avaient compris qu'un salarié en bonne santé est plus productif, des militaires qui cherchaient de jeunes soldats performants, mais aussi d'œuvres caritatives qui défendaient les congés payés pour le bien-être des familles et la fidélité des maris. Bien. Cent cinquante ans de luttes et de progrès social, l'école obligatoire jusqu'à 16 ans, la sécurité sociale, les loisirs, les vacances, et la retraite à 60 ans en 1981. Les trente-cinq heures en 1998. Cent cinquante ans tout justes donc, 1848-1998. Ce qu'on appelle « les acquis sociaux ».

Cette histoire heureuse permit une amélioration fantastique de la condition des milieux populaires et des progrès immenses de la santé publique. Comme je le disais dans un précédent numéro de *Polka Magazine*, l'espérance de vie a augmenté en France de 40 % depuis 1848, dont vingt et un ans depuis 1945 et sept depuis 1981. Soit autant en un siècle que sur les mille ans précédents. Et malgré les effets négatifs des pollutions – en particulier des années 1950 aux années 1970 –, on estime fort probable une nouvelle augmentation de onze ans de l'espérance de vie dans le demi-siècle qui vient. Parallèlement, 40 % de nos emplois aujourd'hui donnent des soins aux corps des autres (éducation, santé, loisirs, culture, vacances). Là est la profonde révolution des temps modernes, celle par où progression de l'espérance de vie, hausse des productivités et société du temps libre se marient.

Le résultat ? Une population qui augmente car la vie est plus longue : nous sommes contemporains plus longtemps, nous sommes soixante-deux millions de Français, bientôt neuf milliards d'humains vivant en même temps. Logiquement alors, même en France où les femmes ont un peu plus de bébés qu'ailleurs, nous prenons notre retraite quand nos parents sont encore vivants, c'est-à-dire aussi à la charge des caisses de retraite.

Cette société à quatre générations est le rêve abouti des générations antérieures. Un progrès titanesque de l'humanité. Mais, car il y a un « mais » : la part de ceux qui travaillent par rapport à la part des retraités en est progressivement modifiée.

Une équation simple obscurcie par les politiques

Sur une équation aussi simple, comment ne pas voir les évolutions à organiser ? D'abord faire des enfants et débattre de l'immigration qui apporte des bras pour payer nos retraites (mais aussi les problèmes inhérents). Mais il y a une limite car la terre peut difficilement porter beaucoup plus de neuf milliards d'humains. Alors, parlons allongement de la vie au travail, baisse des pensions, augmentation du nombre de cotisants ou des cotisations, prélèvements nouveaux… Et discutons de qui décide : choix individuel, décision réglementaire, intégration de la pénibilité (un ouvrier vit huit ans de moins qu'un cadre ou un enseignant)…

Chacun voit bien que depuis le rapport Rocard, instigateur dès 1991 du premier *Livre blanc sur les retraites*, qui a tétanisé la gauche, et les réformettes comptables successives, et de court terme, que fait la droite en soulevant le pays (la réforme d'aujourd'hui est déjà en déséquilibre en 2018 et la précédente est de 2003 !) ? Aucun grand débat de société n'a eu lieu.

Comment voulons-nous vivre dans cette société à quatre générations ? Avec quelles solidarités ? Quelles libertés de choix ? Certains peuvent préférer travailler plus longtemps et avoir une plus grosse retraite, d'autres l'inverse. Tout dépend de la situation du ménage, du patrimoine, de la région de vie, du métier… Quel est l'avenir du million et demi de femmes seules avec enfant(s) ? Est-il juste que les femmes qui ont eu le plus d'enfants « futurs cotisants », mais aux carrières souvent discontinues de ce fait, soient finalement pénalisées par un travail plus tardif et des pensions plus faibles ? À ce régime, leurs filles vont-elle continuer à faire les enfants dont le pays a besoin… pour payer les retraites ?

Et n'oublions pas de parler aussi de l'archaïsme considérable du monde du travail en France. Pays du monde où nous avons le plus de cadres par salarié (!) et avec une vision des relations au travail profondément décalée des valeurs d'autonomie et de responsabilité de notre société. Comment, demain, changer de travail au fil de la vie, se former en continu et cesser d'être une société où l'on demande à l'école de codifier à vie les hiérarchies sociales ? Et interrogeons-nous sur le désir profond des gens de ne plus travailler. Quelle est la qualité de ce travail perçu comme une prison dont on espère sortir avec des remises de peine ? Comment inventer des souplesses de passages et de retours, entre retraite et activité ?… Le débat est immense, les attentes aussi, les cultures générationnelles, sociales, professionnelles, différentes. Sans oublier, pour finir, le développement rapide de la robotique qui peut changer beaucoup, et elle l'a déjà fait, la question de l'usure des corps et du besoin de force ou de mémoire.

Penser l'impensable

Polka Magazine, été 2011

Il y a trente ans, Robert Badinter exposait à la tribune de l'Assemblée nationale le projet de loi supprimant la peine de mort. Pour qui a encore dans l'oreille l'éclat et l'émotion de ce discours, le programme anti-abolitionniste du Front national est une injure à la part belle de l'aventure humaine.

L'idée que certains matins, à l'aube toujours, des hommes habillés du droit puissent couper la tête d'un autre homme bien vivant, en se reculant à cause du sang qui gicle, cette idée est d'une laideur absolue. Et gageons que l'homme dont la tête tomberait dans la sciure de bois serait plutôt jeune et probablement assez sombre de peau.

Bien sûr, on peut ne pas attacher d'importance aux déclarations de Mme Le Pen. (Je n'utilise pas son prénom car je ne tiens à être ni proche ni familier, et je faisais de même avec son père.) On peut dire : « Tout ceci n'est que proposition d'agitateurs voulant capter les mauvais côtés du bon peuple » ; on peut dire : « Le succès du Front national n'est qu'une immense protestation contre le président de la République » ; on peut dire : « Le Front national n'a eu aux dernières élections cantonales que 1,38 million de voix, soit moins que les 4 804 713 voix du Front national le 21 avril 2002 »... On peut dire beaucoup de choses raisonnables. Mais cela supprime-t-il pour autant l'effet de ce débat dans nos cerveaux, ou la question de la progression des extrêmes politiques dans de nombreux pays – dont la France ?

Crime d'État contre crime privé

Certes, on peut aussi avoir une peur légitime de la violence et croire que seules des têtes qui tombent dans la sciure garantissent la paix civile. Mais, malheureusement pour les marchands de peur, pour ceux qui ne croient pas au progrès de « l'humanité des humains », cette assertion est fausse. Pour les crimes dits « de sang » qui sont les seuls pour lesquels certaines démocraties appliquent encore la peine de mort, jamais, en France, le nombre de victimes n'a été aussi faible qu'en 2009 (dernier chiffre disponible) – soit 755 homicides d'après les statistiques du ministère de l'Intérieur. Au niveau mondial, seuls la Grande-Bretagne et le Japon font un tout petit peu mieux que nous. À peine. Le nombre d'homicides pour 100 000 habitants est de 0,7 en France, 6,2 aux États-Unis, 23,3 au Brésil et 60,8 en Afrique du Sud. Depuis la suppression de la peine de mort, la diminution des meurtres est en France constante, année après année. On peut même soutenir que les pays qui suppriment la peine de mort voient les meurtres reculer, comme si la diminution de la violence d'État engendrait une diminution de la violence des citoyens.

Par contre, il est vrai que, au sein de cette violence privée en régression, les violences entre jeunes sont en légère augmentation. Les guerres de bandes qui défraient l'actualité, les bagarres de la gare du Nord, les meurtres de jeunes dealers sont des réalités, même si le département le plus dangereux reste la Corse. Il ne faut donc pas être satisfait ; on peut encore améliorer la situation.

Mais gardons en mémoire que la suppression de la peine de mort a accompagné un recul des homicides.

Rétablir la peine de mort est donc une absurdité en matière d'ordre public, et sa soi-disant « efficacité dissuasive » en prend un coup sérieux. Non, la peine de mort n'est pas un garant de sécurité. Elle est d'abord un geste du pouvoir de l'État sur les corps, une marque moyenâgeuse de la répression et de la volonté de punir comme fondement du politique. Restaurer la peine de mort vise à faire croire que ce qui nous rassemble est à chercher dans les pratiques, les coutumes et les valeurs du passé. Nous serions français par l'origine, de Vercingétorix à Guillotin enfin réunis. Et que l'on ne nous confonde pas avec ces Barbares qui lapident, pendent, brûlent et démembrent ! Nous sommes les inventeurs uniques d'une machine à tuer, rapide, efficace et, qui plus est, écologique, car ni produit chimique ni consommation d'énergie autre qu'humaine n'est utilisé. Vive la force virile du bourreau qui remonte la lame en tirant sur la corde grâce à une poulie. Français, je vous dis ! Typiquement français.

Mais, car il y a un mais !, même si on est radicalement hostile à ce projet du Front national, comme à beaucoup d'autres, pendant ce temps-là, presque à notre insu, d'année en année, nos mentalités évoluent. Déjà, chacun de nous s'est habitué à compter, presque inconsciemment, le nombre de « personnes de couleur » dans n'importe quel groupe, public d'un spectacle, réunion politique, équipe de foot, terrasse d'un bar. L'œil cherche l'origine dans les courbes d'un corps, les ombres d'un sourire. (Les blondes elles-mêmes sont devenues sujets de moquerie !) La société, d'année en année, pense les nouveaux arrivants moins assimilables et ceux-ci tendent alors à se replier sur leurs cultures d'origine et leurs appartenances héritées. D'autant que personne, sauf parfois le patronat (!), n'ose plus valoriser les apports du mélange et du métissage. Même si, en même temps, jamais plus de 10 % des Français n'ont déclaré que l'immigration était un problème pour la France (CSA, avril 2011). Tout en disant cela, 87 % des Français déclarent aussi que le racisme est répandu dans la société (chez les autres, bien entendu) et seulement 50 % se déclarent « pas racistes du tout » ; 59 %

pensent que l'intégration se passe assez mal, et *parmi eux* 54 % pensent que cela est d'abord de la faute des étrangers. Bien sûr, 66 % des Français pensent, comme en 2002, que « les races n'existent pas », et 21 % que « toutes les races se valent ». Mais sur la même période, le nombre de ceux qui pensent qu'il y a des races supérieures aux autres a doublé, certes à 8 % seulement mais avec 5 % qui prudemment ne se prononcent pas. Donc, attention : derrière un certain politiquement correct des études d'opinions sur ces sujets historiquement lourds et donc en partie cachés, l'opinion réagit, bouge, s'interroge. L'œil en vérité change lentement de morale.

La dérive du zéro délit

Va-t-on demain, pareillement, à chaque crime odieux, se demander si le criminel n'aurait pas pu être guillotiné plutôt que de récidiver ? Cette belle fille qui faisait librement son jogging, ce petit garçon qui courait après son nouveau ballon, cette gentille mamie morte pour 20 euros... Oui, il y a risque que notre œil se pollue et que, devant l'indicible horreur, les questions qui surgissent dans notre cœur et notre cerveau évoluent ! Car rien, même le meilleur, n'est jamais acquis définitivement. L'histoire est sans cesse progrès et retour, régression et liberté nouvelle. Et l'Histoire justement nous a appris que c'est souvent des plus hautes cultures que naît la barbarie la plus vile. D'autant que depuis quelques années, à chaque « crime odieux » (y aurait-il des crimes qui échappent à ce qualificatif?), le pouvoir politique met en scène l'inefficacité des politiques répressives existantes en faisant voter une nouvelle loi. Une ambiance est ainsi créée, où une récidive zéro serait de l'ordre du possible. Voire du zéro délit. Or la seule récidive zéro certaine est l'exécution préventive des délinquants « aptes à récidiver », y compris potentiellement dans un crime plus grave si le premier a été relativement modeste. Car « qui vole un œuf vole un bœuf »! (Dans l'ordre du politique, on a vu en 1794 où mènent ces spirales absurdes de violence purificatrice. Les purges totalitaires sont de même nature.)

Ainsi, le lit des idées régressives du Front national est déjà tracé comme en filigrane dans certains discours publics. On a peu à peu habitué l'opinion à cette idée fausse qu'on pourrait organiser une société du « zéro délit ». Ce « zéro délit », grâce à la suppression potentielle du moindre criminel, est parti de l'idée juste de la « tolérance zéro ». C'est-à-dire de la sanction immédiate du moindre petit délit et de la réparation rapide de chaque « carreau cassé », autrement dit d'un espace commun où règnent un ordre civil, une urbanité partagée, un ordre du punir immédiat et proportionnel. Cette politique de civilité, et d'autorité, présente mais paisible n'ayant pas abouti à une paix civile satisfaisante, en partie du fait de l'éloignement organisé entre la police et les habitants, on a multiplié l'augmentation des violences répressives d'État. Lois innombrables, emprisonnements plus longs, peines automatiques, critiques des juges… Il est temps de remettre au centre du débat public des positions plus équilibrées entre autorité et justice, et cela passera par une redéfinition des tâches des polices et des moyens supérieurs pour la justice.

Ne soyons pas sourds

Donc, les discours du Front national sur le trop-plein d'immigrés ou sur la peine de mort, comme celui sur la sortie de l'euro ou sur la réduction des droits sociaux des étrangers vivant en France…, on ne peut faire simplement comme si on ne les avait pas entendus. Ils influencent nos propres convictions, nous l'avons dit, et donc on ne peut nier leurs effets sociétaux même tant que le Front national ne participe pas directement au pouvoir. Nous-mêmes avons besoin, à l'aide d'informations, de débats, de rencontres, mais aussi de projets politiques, de sans cesse reconstruire notre confiance dans la société, ses règles mais aussi ses outils protecteurs et répressifs. Et ceci est d'autant plus nécessaire dans nos sociétés médiatisées où l'urgence de l'information pousse l'événement à dominer la mise en perspective et la réflexion de long terme.

D'autant que plusieurs millions d'électeurs sont particulièrement sensibles aux thèses du Front national alors qu'au moment de sa création (et la peine de mort était déjà à son programme) en 1972, moins de 1 % des électeurs se reconnaissaient dans ce parti. Ce n'est donc pas le renouvellement de ses idées qui fait sa progression actuelle ; même s'il est vrai que le changement de génération dans la dynastie Le Pen favorise une écoute plus attentive dans les catégories moyennes et supérieures. Non, le Front national, au-delà de ses positions et de ses stratégies, nous interroge car son succès nous dit quelque chose sur notre société. Le désir d'un rappel à la force, l'autorité, la frontière, l'origine commune, la nation…, tout cela exprime les souffrances face à une mue gigantesque du monde et de la société, mal portée par les camps politiques anciens de droite et de gauche. Ou, plus exactement, je crois que notre époque vit des mutations que les lignes des champs politiques d'hier ne permettent ni d'exprimer ni de résoudre. Nous pensons encore la politique avec des lignes de partage nées dans la révolution industrielle.

Or l'époque que nous vivons a bouleversé trois des éléments constitutifs du champ politique tel que l'ont organisé les XIXe et XXe siècles. La mondialisation, en unifiant au quotidien l'humanité, bouleverse les dynamiques nationales et impose la redéfinition de leurs logiques et de leurs fonctions. Simplement dit, les nations, qui étaient des systèmes de rassemblement contre des « ennemis » et pour porter des conquêtes, deviennent des parties d'un « tout » aux limites définitivement bornées. Nous vivons aujourd'hui sans cesse à la fois le dedans et le dehors de l'aventure nationale. Humain autant que Français, local autant que global. Par ailleurs, le travail a été bouleversé. Hier monde d'abord de la force de l'homme sur la nature et sur la machine, il est devenu une activité de plus en plus cérébrale, accessible aux femmes comme aux hommes et avec des moyens de transport qui effacent les durées et les distances. L'homme fort et blanc qui dominait la politique, les femmes et le travail, se retrouve individu parmi d'autres individus. Sa possible domination est chaque jour contestée et à reconstruire. Enfin l'humanité réunifiée est face à une seule terre quotidiennement connectée et visiblement limitée. Humanité Une, terre Une, travail du cerveau : les cadres de nos mentalités et de nos sociétés sont à réinventer. Pour l'instant, ce besoin de transformation s'exprime surtout dans les partis trublions. Ils n'arriveront pas au pouvoir si, peu à peu, les philosophes politiques libéraux et socialistes sauront penser notre présent à partir d'une nouvelle utopie du futur. Mais au début du XXe siècle comme en 1930, ils n'y sont pas arrivés sans guerre ni transformations totalitaires des sociétés. Aujourd'hui ?

La vague brune

Polka Magazine, mars-avril 2012

L'extrême droite en Europe est à nouveau vivante. Elle progresse presque partout, parfois se scinde et redémarre. Le *Vlaams Belang* a atteint 33 % des voix à Anvers, le Front du progrès 22,9 % en Norvège, le Parti du peuple danois 12 %; l'Union démocratique du centre, en Suisse, est le premier parti du Conseil national avec cinquante-huit des deux cents sièges, l'Autriche… Arrêtons ici cette liste et soyons attentifs aux anciens pays communistes, Bulgarie, Hongrie, Slovénie. Et n'oublions pas le Front national, l'un des premiers, qui reste l'un des plus puissants. L'Europe, ce haut lieu de l'idée démocratique, mais aussi ce temple historique des totalitarismes de droite ou de gauche, à nouveau vacille. Retenons juste que, pour l'instant, les anciens pays fascistes sont moins directement concernés – comme si existaient encore un interdit moral et une mémoire vécue. Mais pour combien de temps ?

Et ne nous rassurons pas en pensant que c'est un vote populaire d'un monde du travail ouvrier et paysan en crise. Certes, toujours, les hommes, les travailleurs, votent plus pour les extrêmes. Les femmes, et surtout les diplômées, moins. Mais l'extrême droite est une idéologie qui rassemble la bourgeoise angoissée comme le chômeur désorienté, le paysan catholique comme le fils d'immigré arménien, l'immigré d'hier, celui qui en votant Front national s'affirme de la nation où son destin est dorénavant construit… Toujours, « le dernier arrivé ferme la porte ». Toujours, la pureté du sang est au fond du propos, hier du fait de la présence juive, aujourd'hui de celle des Africains. Depuis le début du siècle précédent, le grand changement est le recul, voire la quasi-disparition, du racisme biologique. On ne dit plus « le Noir est plus proche du singe que le Blanc », mais « le Noir et l'Arabe sont mieux "chez eux" que chez nous ». Un continent, une couleur. Une religion ?

Peut-on tenter des hypothèses d'analyse ? D'abord, nous sommes face à une crise, une maladie, du politique. On ne vote pas par logique économique directe. On vote pour appartenir à un système de convictions et de relations, pour se conforter soi-même dans son rapport au réel, à la vie, à l'espérance. Voter extrême droite donne une direction que tout le monde comprend : une Europe blanche. Des rues avec des Blancs, des hommes blancs dans le lit des femmes blanches, donnant des enfants blancs. C'est facile à se représenter, non ? Et pas de minarets, plutôt des clochers. Mais pour les week-ends, Marrakech c'est génial et la Tunisie, y compris pour la retraite, pourquoi pas. Zinedine Zidane, Omar Sy…, on adore.

Aussi je pense qu'il faut se raconter l'histoire suivante : l'Occident a porté la conquête de la planète et la réunification de l'aventure humaine. Un premier moment fort de lien eut lieu avant la guerre de 14-18 – mais dans un cadre néo-occidental. La Grande Guerre, et le repli qui s'ensuivit, menèrent aux extrêmes droites des années 1930 et à l'horreur de l'Holocauste. Une nouvelle unité plus puissante, plus technologique et virtuelle, a succédé à cette période puis à la décolonisation. Elle s'affirme depuis la fin de la guerre froide et le triomphe d'internet. Depuis, finies les conquêtes et la régulation des frontières par la guerre. Les conflits aujourd'hui sont internes à des pays ou opposent des idéologies politiques. La terre est Une, l'humanité réunifiée. L'ordre du politique en est bouleversé, la place du militaire (et du masculin) dévalorisée, le rôle des identités nationales remis en cause. Rappelons-nous : « la nation, c'est la guerre. »

Nous vivons donc une aventure neuve d'unité qui déstructure lentement nos systèmes d'appartenance. Alors, comme dit Hervé le Bras, nous avons inventé « l'immigré ». Avant, il y avait l'indigène colonial. Celui-là, on s'est battus pour le garder, encore en Algérie, en Tchétchénie… En ce moment, il y a aussi d'autres ennemis, le Chinois qui a succédé au « plombier polonais ». Figure du refus de l'autre qui essaie de dire le « nous » par opposition à un autre négatif. La figure de l'expulsion a pris la place du récit de la conquête pour construire des « nous » dégradés, faibles en sens et en culture, réduits à des différenciations pauvres – couleur de peau, cheveux, religion supposée. L'enjeu est de faire éclater l'unité de l'humanité et, localement, l'Union européenne. L'enjeu est de retrouver le « nous » d'hier, celui du bonheur national mythique, d'une identité autocentrée autour des mythes nationaux du XIXe siècle, dont l'invention accompagna la révolution industrielle.

Mais si ces quêtes du « nous » archaïque se popularisent, et là nous sommes proches des années 1930, c'est que nous changeons de monde productif sans le bien penser. Or il n'y a pas de portage culturel et politique de ce bouleversement. Le modèle productif industriel et paysan de « l'homme fort », maître de son destin (de la politique et des femmes aussi, par conséquent), ce modèle-là cède. Au point même qu'on en a oublié de protéger nos usines, confondant société de production par le cerveau avec société tertiaire. Alors que des usines, il y en aura toujours, comme il y aura toujours des paysans, mais le métier a changé, est devenu très qualifié, lié à des machines et à de l'informatique très complexes. Nous avons abandonné notre culture ouvrière, comme dans les années 1930 nous avions abandonné nos paysans. Abandon d'abord culturel et politique. Par exemple, y a-t-il encore des députés ouvriers en Europe ? Y a-t-il des ouvriers qui passent à la télévision ? En France, la réponse est non : tous les quotas sont surveillés (genre, couleur…) mais l'ouvrier a disparu. Eisenstein est bien loin.

Ainsi le sens de l'idée nationale est bouleversé, au moment même où le système productif à nouveau change et où depuis deux générations on gère ce changement par le chômage. L'Europe qui peupla la planète craint de se retrouver peuplée par la planète. Elle ne sait pas penser et parler face à la montée de ces extrémismes identitaires. Elle gère et produit des normes, mais sans récit de l'aventure commune ni figure d'incarnation. L'Europe n'a pas de sens commun à partager ; devenue marché et monnaie, elle ne se fonde pas en patrie. Ailleurs, il y a les islamistes, le Tea Party…, qui signent la même angoisse. Mais chez nous le danger est particulier car notre cadre politique est au milieu d'un gué incertain. Les extrêmes droites sont à l'affût d'une Union qui trébuche ; elles progressent, se répondent, influencent les idées de chacun. Le Premier ministre hongrois ou Claude Guéant ne sont pas officiellement d'extrême droite, les Suisses non plus, mais la nouvelle extrême droite agit par leur intermédiaire. Partout elle se banalise faute d'attention aux changements de culture populaire et de bataille sur les valeurs et les droits. La démocratie doit accepter de combattre ses adversaires, de les interdire si besoin. La dernière fois, c'est la démocratie qui a perdu dans toute l'Europe et a entraîné le monde dans le totalitarisme et la guerre. Rien ne permet de penser, pour l'instant, que nous n'allons pas récidiver.

Dans France, il y a, durablement, FN

Libération, 3 mai 2012

Le Front national est un acteur politique majeur. Comme dans de nombreux pays qui nous entourent. Mais on fait semblant de le redécouvrir à chaque échéance. Il est temps d'arrêter cette mise en scène. 2007 fut un recul exceptionnel, mais sinon la progression est constante et régulière depuis les années 1980[1], comme le montre Béatrice Giblin.

Alors essayons de comprendre ce que 2012 nous apprend. D'abord bien sûr, une nouvelle candidate et une fin de mandat difficile. Tout a été dit. Par contre, le sociologue voit deux autres événements : la profonde transformation du milieu ouvrier et la rupture du lien entre la République et la paysannerie.

Aujourd'hui, seuls 30 % des six millions d'ouvriers français travaillent en usine. Les deux tiers sont dans le bâtiment et l'entretien. Métier de PME-PMI à la culture proche des petits patrons. Ouvriers, en outre, aux statuts instables,

1. Béatrice Giblin, *Libération*, 26 avril 2012.

avec peu d'avantages sociaux. Il y a là un Front national poujadiste, voisinant au quotidien, dans le travail, avec des immigrés anciens ou récents. Ici le vote Front national chez les ouvriers blancs du bâtiment et de l'entretien, voire de certaines petites usines rurales, est extrêmement fort. Leur rêve, ce n'est pas la révolution mais l'Audi A3. Aussi, ici, le rappel par Jean-Luc Mélenchon du mythe de Potemkine, 1936, le Front populaire…, n'avait aucune chance de prendre !

Géographiquement, cette population ouvrière s'est éloignée de la ville depuis un quart de siècle pour quitter « les quartiers » et accéder à la maison individuelle avec jardin dans un rayon de cinquante kilomètres. Ici se conjuguent les choix de mode de vie et les refus de voisinage. Ces travailleurs blancs ont emmené avec eux leurs votes Front national, contaminant la culture locale. Voter pour l'extrême droite au village ou en lotissement, c'est construire une barrière « pour qu'ils n'arrivent pas ». C'est aussi protester autour d'un poujadisme de la voiture qui vient renforcer le poujadisme professionnel. L'indifférence urbaine au prix exorbitant de l'essence, voire un certain soutien bobo-écologiste à la hausse répétée des carburants, ont ici accentué les rancœurs.

Cet étalement urbain populaire a croisé la crise agricole, économique et symbolique. Deux cents fermes disparaissent chaque semaine en France. Surtout avec le départ de Jacques Chirac, les paysans, les responsables agricoles, ont perdu la ligne directe avec le président qui leur donnait espérance et statut. Ici le « casse-toi pauv' con » du Salon de l'agriculture fut ravageur. Culturellement à droite, plutôt catholiques, conservateurs mais innovants, nombre d'agriculteurs se sentirent délaissés. Et c'est là où l'arrivée d'ouvriers urbains libéra, dans nombre de régions constituées surtout de petites exploitations, le passage au vote frontiste. Attention au retour des Chemises vertes.

Ces quatre nouveautés, accentuées bien sûr par la crise et l'augmentation du chômage ouvrier accompagnée de fermetures de petites usines rurales, expliquent la relative croissance du vote Front national. Mais elles ne remettent pas en cause les fondamentaux de cet électorat, même si elles les élargissent géographiquement et socialement.

Il demeure que le Front national est présent dans tous les groupes sociaux, toutes les générations, comme vote culturel porteur d'angoisses sur l'avenir de la « valeur France ». Cette interrogation renvoie au changement du rôle des nations, à l'unité de l'humanité, au recul du pouvoir de l'Occident, à la finitude écologique… Sa figure négative est l'immigré, surtout celui qui la porte sur le corps visible, corps manuel dans une société tertiaire, corps coloré, corps ancien colonisé, corps musulman priant dans la rue. Ensuite le vote Front national porte toujours le recul économique, mais aussi culturel, du modèle de l'homme fort – fort au travail, en politique, vis-à-vis des femmes. Cet homme populaire, celui du travail de la matière, des manifs et des femmes à la maison, s'étiole car le monde change. Le vote extrémiste est comme le bâtard de la société informatisée et virtuelle, où le principal muscle devient celui du cerveau. C'est un vote de jeunes mal formés enfin, une forme brune de l'indignation qui fit vendre à 2,5 millions d'exemplaires le petit essai de Stéphane Hessel. Tout cela, nous le savons depuis vingt-cinq ans.

Heureusement nous avons trois protections puissantes contre ce fléau politique : le niveau d'éducation de la population qui ne cesse de s'élever, la place nouvelle faite aux femmes et, enfin, la puissance de nos traditions démocratiques

– même si le goût du pouvoir les fait parfois vaciller. Ne croyons pas que des pays de haute culture comme les nôtres puissent traiter par le dédain ces inquiétudes existentielles et ces soubresauts populaires. L'Europe, haut lieu d'invention des totalitarismes du XXe siècle, peut fort bien remettre le couvert. Nous aurons un immense besoin de pain et de sens.

Quand l'orage gronde

Polka Magazine, septembre-octobre 2012

La crise de 1929. Elle est là, dans notre tête, dans nos yeux. Photos en noir et blanc, films. Fascismes, guerres. Le PIB de 1945 ramené à celui de 1914 dans un recul de deux générations de travail et d'efforts. Cette crise majeure du siècle passé est notre référence, notre angoisse. Depuis, à chaque crise, on en appelle à 1929. Aujourd'hui, on ne sait plus très bien de quoi on parle. Crise financière ? Peugeot ? Arcelor ? Lejaby ? Grèce, Espagne, Sarkozy ? Et la dette alors ? L'euro… Attention à ne pas tout mélanger, à tout lier par de légitimes inquiétudes. Mais comment faire ? Les informations se télescopent. Et chacun utilise « la » crise pour excuser ses problèmes, ses erreurs. Le printemps pourri… Ah non, rien à voir ! Donc, d'abord, dire que ce n'est pas encore 1929. Nous avons peut-être perdu une ou deux années de croissance. Le chômage culmine à 10 %, ce qui est terrible, mais il le fait dans une société qui a tendu de multiples filets de protection. Avec un PIB multiplié par quatre depuis 1945, pour une population qui a augmenté de 50 % seulement.

Certes, l'ouvrier d'Aulnay, lui, voit sa vie basculer, ses amitiés détruites, sa famille en danger. Comme en 1929. Que ce soit « la faute aux financiers américains, à la droite, au développement du vélo ou à des erreurs de stratégie de Peugeot » ne change rien à l'affaire. L'ouvrier d'Aulnay ou d'ArcelorMittal est même prêt à entendre les sirènes de ceux qui, comme hier encore, croient qu'il suffit que l'État intervienne, décide, ferme les frontières. Et pourquoi ne pas nationaliser Peugeot, après tout ? Pourquoi ne pas interdire les licenciements ? Je conseille à ceux qui rêveraient de cette baguette magique d'aller à Berlin essayer une Trabant ! Non, l'État ne sait pas diriger les entreprises. Il peut les aider, les soutenir, imposer les syndicats dans les conseils d'administration, inventer des normes sociales et environnementales qui favorisent les produits français et européens… Mais l'État ne peut pas contrôler la vitesse sans cesse accélérée des changements du monde. Il le fait déjà mal pour lui-même. Notre sous-marin nucléaire tourne à vide sous les océans quand nos écoles rament à former une jeunesse heureuse et innovante. Alors, les entreprises ! Laissons-les au privé.

Et puis, nous avons appris du terrible XXe siècle que l'État et l'économie ne doivent pas fusionner : de cette fusion naît le totalitarisme ; communiste quand le politique domine, fasciste quand l'économie domine. Restons fermes sur la mémoire et inventons de nouvelles formes de régulation, de protection, de deuxième chance pour chacun. Le passé ne revient jamais. Mais plus on l'oublie, plus il rôde. Alors n'acceptons pas les agitateurs sans mémoire, ceux qui croient à la pureté des origines, ceux qui voient « le marché » comme une scène d'affrontement du bien et du mal. Ni non plus ceux qui utilisent la nation comme ligne Maginot. J'ai toujours préféré la patrie. La nation s'oppose, la patrie est une source.

Mais il faut aussi, aujourd'hui plus encore qu'hier, chercher sans cesse des cadres nouveaux pour un monde créatif comme jamais. Un monde où des millions de cerveaux s'agitent, portés par des corps de toutes les couleurs, croyances, genres, langues et cultures connectés entre eux par l'internet. Ce monde est une fusée en vol dans l'infini et l'homme joue à l'accélérer (nous y avons gagné 40 % de vie en plus en un siècle, le plus haut gratte-ciel du monde fera bientôt un kilomètre, nous allons être neuf milliards, le pétrole se fait rare, nous l'avons mainte fois dit). Le monde est un immense jeu porté par la folie et le plaisir de vivre. Parfois, comme un avion dans les turbulences, il nous fait peur. Mais n'allons pas nous limiter au train, au vélo ou à la marche à pied. Le jeu du monde est trop génial malgré ses secousses. Les savants et les ingénieurs sont passionnants, les artistes bouleversants, les cultures populaires affectueuses. Attention à la peur, à l'oubli de ce qui naît, à la passion de ce qui meurt. Le culte de la mort est déjà du fascisme. Et attention, les médias ! Sachez chercher l'herbe neuve qui pousse parmi les ruines.

L'État est là pour dire la solidarité, la sécurité au milieu de la tempête, la direction à suivre.

Il lui faut restreindre la voilure, vérifier les gilets de sauvetage, ne pas perdre le cap. Le danger est double. Replis à contretemps quand le monde est devenu un. Et ultra-liberté d'une classe mobile sans lieu qui accumule des sommes astronomiques dans des caches sans fond. Chaque fois qu'il y a crise, c'est que le progrès des techniques et des usages ne permet pas la démocratisation des achats par des partages équilibrés des revenus. Les trop riches qui ont trop d'argent prêtent alors aux trop pauvres, individus ou États, qui ont trop de rêves. Et un jour la dette devient impossible à rembourser. Cela est arrivé en 1929. Cela nous arrive. Comment rééquilibrer le système sans révolution ni guerre ? On ne sait pas si on va y arriver. Le rôle du politique est alors de resserrer les écarts de revenus, résorber les dettes, donner de l'horizon. Et surtout d'enrichir en valeurs et en qualité un monde qui va se limiter en quantité. Sous la crise industrielle gronde la crise financière qui cache une crise de civilisation. Détonant, mais pas forcément mortel.

Cet islam qui fait peur

Polka Magazine, novembre-décembre 2012

Faut-il avoir peur de l'islam, en France, en Europe, dans le monde ? La question, même si elle n'est pas très politiquement correcte, n'est pas absurde. Car qui ne voit pas les attentats-suicides d'extrémistes islamistes et les conflits atroces entre chiites et sunnites ? Qui ne voit pas la multiplication des signes extérieurs d'appartenance à la religion musulmane dans l'espace public, foulards et barbes notamment ? Chacun sait que ces actes sont toujours le fait d'une minorité, souvent très petite. Mais n'incarnent-ils pas, plus ou moins, le sentiment diffus de groupes plus larges ? Comment le savoir ?

Il faut d'abord dire que cette intensité de l'islam se produit, pour nous, à contre-rythme : « nous », nous sommes en train d'arracher de notre culture ses fondamentaux religieux chrétiens. « Exculturation », dit Danielle Hervieu-Léger[1]. Au-delà de la laïcité, qui est une liberté, une profonde sécularisation culturelle

1. *Catholicisme, la fin d'un monde,* Bayard, 2003.

est à l'œuvre en Europe. Le mariage homosexuel pourrait en être pris comme élément de démonstration. Et c'est le moment que choisit l'islam pour chercher sa place à la lumière, sortir de la semi-clandestinité où nous l'avions contenu – construisant par exemple mosquées et institutions. Et ce alors même qu'ici, nos églises se vident, que les croyances religieuses traditionnelles reculent. Contradiction donc entre un espace public laïc chaque jour moins religieux, et une revendication religieuse tardive par rapport aux autres croyances. Là est la première tension. Et remarquons que cette tension est plus faible dans les pays où la religion est encore dans l'espace politique : Grande-Bretagne où la reine est le chef des anglicans ; États-Unis où la Bible est partout. Cette tension n'est pas présente seulement en Europe. Les laïcs en Algérie, par exemple, vivent très mal l'imposition du ramadan dans l'espace public depuis quelques années.

En France, cette tension est renforcée par un passé colonial que nous digérons mal et qui structure encore une forte part de notre imaginaire de « l'Arabe ». Cette entrée de l'islam dans la lumière par l'immigration d'ex-colonisés pose sur la scène publique la question du pourquoi hier l'islam était-il caché. Derrière la religion qui s'avance ainsi, il y a donc l'affirmation de musulmans que nous n'avions pas voulu voir depuis 1830.

Enfin, il y a l'extrémisme islamique, sorte de fascisme religieux qui est à l'islam ce que le nationalisme d'extrême droite est au sentiment patriotique. Une excroissance d'une identité fragile, souffrante, qui se forme en période de crise sociale et politique. Ces extrémismes néo-religieux ou néo-politiques sont d'autant plus virulents que le monde est mouvant, les certitudes effritées, les héritages incertains. Après les attentats du 11 septembre 2001, le printemps arabe, si porteur d'espérances et de progrès à moyen terme, met en lumière ces extrémismes. Car l'extrémisme politique, par la solidarité et le courage qu'il donne à ses militants, a créé les plus fortes organisations politiques d'opposition en Tunisie, en Libye, en Égypte et même en Syrie. Derrière les révolutions progressistes, ce sont alors eux qui prennent la main dans un premier temps car ils sont plus organisés.

Alors, que faire ? D'abord, ne pas avoir peur, analyser et réfléchir. Ensuite, je crois qu'il y a au moins deux voies. D'une part, enseigner l'histoire religieuse plus largement dans nos écoles. Un pays laïc doit être assez fort pour enseigner l'histoire des religions, pacifier par la culture partagée et le respect. Ensuite, et peut-être surtout, nous devons soutenir les forces démocratiques dans les pays à majorité musulmane comme dans nos banlieues, comme nous soutenions les démocrates au Chili ou dans les pays du bloc communiste. Autrement dit, partout aider à la rupture des liens entre extrémisme et opinion publique, et ce en commençant par *notre Europe*, comme aurait pu l'écrire Péguy – et je rajoute *notre Méditerranée*, un siècle plus tard. Et la plus large majorité des musulmans, ici comme là-bas, sont prêts, comme nous, à refuser ce fascisme vert. Si nous ne faisons pas d'amalgame.

Génération indignée ?

Polka Magazine, janvier 2012

Dans une société tétanisée par la crise financière et un chômage récurrent, la jeunesse a-t-elle entre les mains les clés de l'élection présidentielle de 2012 ? Peut-il y avoir une vague d'indignation portée tant par la peur du lendemain que par le refus du primat donné aux très riches et aux très puissants ? Cette vague attendra-t-elle les urnes de mai, résistera-t-elle aux appels des extrêmes ? Dans le contexte actuel d'un mouvement de révolte des jeunes tout autour du Bassin méditerranéen, et ailleurs aussi, la question n'est pas sans fondement. Car nos sociétés cherchent, sans les trouver, les voies d'une espérance et d'un combat à mener pour plus de justice et de sens. Alors nous ne sommes pas à l'abri d'une étincelle mettant le feu à une ambiance angoissante créée par une actualité survoltée.

Attention. La jeunesse n'est pas « un groupe homogène ni un état naturel figé… Elle a pour horizon l'accès à un statut d'adulte devenu aujourd'hui plus individualisé, fragmenté et incertain dans un contexte de brouillage et de reconfiguration des âges de la vie[1]. » La jeunesse est plurielle, semi-dépendante encore des adultes, soit pour études longues, soit pour chômage rampant. Jeunesse d'une société qui, incapable de se réformer, a fait des arrivants par l'âge,

1. CESER Bretagne, 2011.

l'origine ou le genre ses amortisseurs du changement social depuis plus de trente ans. Mais ce qui est vrai au niveau collectif ne l'est pas au sein de chaque famille. Ici, on protège « son jeune » et on est solidaire avec lui. Chaque jeune a des parents, des grands-parents et de plus en plus des arrière-grands-parents. Attention, derrière chaque jeune, il y a trois ou quatre générations d'électeurs ! Et quand on coupe « le fil normal du temps » en bloquant l'entrée de la jeunesse dans la vie adulte, les trois ou quatre générations qui ont accompagné le jeune vers l'âge adulte se solidarisent avec lui. Quoi de plus injuste qu'une société qui ne s'ouvre pas à ses propres enfants et qui les utilise comme « variable d'ajustement » du confort des adultes et des anciens ?

La jeunesse s'est allongée, sortant de l'enfance au collège et trouvant des positions privées et professionnelles stables vers 27-28 ans. Avec, dans un tiers des cas, de grandes difficultés, sociales ou individuelles. Mais n'exagérons pas : environ 70 % des jeunes en France disent eux-mêmes entrer assez facilement dans la vie, 77 % sont optimistes pour leur avenir personnel, mais plus on élargit l'horizon des questions – les autres jeunes, la France, le monde – plus les jeunes sont pessimistes[1]. Les jeunes vivent au présent avec un fort sentiment de liberté de leur vie privée (amis, couples, études…). Ils reconnaissent, sans se plaindre, une forte influence des parents en matière de choix d'orientation ; des amis, pour le reste. Et après 30 ans, ça va, merci, surtout pour les garçons, surtout blancs. Les jeunes incarnent bien cette société *du bonheur privé et du malheur public* qui nous entoure ; ils ont été façonnés dans cette contradiction et se concentrent sur leur présent.

Ce qui induit que la jeunesse actuelle « définit la réussite avant tout selon des critères intimistes (amis, amour, temps libre, famille) ». La carrière et l'argent – qu'ils perçoivent comme l'idée de la réussite dans la société actuelle – les intéressent moins. Cette génération se vit comme décalée du modèle des adultes par cette attention supérieure au bien-vivre, mais aussi aux réseaux immédiats, au partage de leur vie privée. Ici Facebook ou Twitter ont clairement remplacé Marx ou Freud. Si on pousse la réflexion, on peut avancer que cette *génération chômage* fonde son entrée dans la vie hors du travail. Sa vision politique en est

1. Sondage CSA pour la JOC, 28 octobre 2010.

décalée, focalisée sur des valeurs et des comportements, plus que sur des projets de révolution. Et cela n'est pas propre à la jeunesse française. Nous vivons un temps de révolte contre des horizons bouchés ou des systèmes contraints, totalitaires parfois ; nous ne vivons pas un temps de remplacement d'une idéologie par une autre. On voit d'ailleurs cela partout, à Tunis comme à Madrid ou au Chili. On y cherche un air de liberté, une direction et des valeurs morales – et une place à partir de laquelle construire son aventure « devenir adulte ». Depuis 2001, nous avons trop cru que Ben Laden était le fils de Lénine ou de Khomeini, alors qu'il n'était que le leader d'une secte religieuse réactionnaire.

Dans le contexte actuel de grande incertitude sur le futur, de chômage, de peur du désordre du monde, de rejet de la richesse ostentatoire…, le glissement à gauche de la jeunesse devrait s'accentuer. Mais une gauche de liberté, de morale publique, de justice. Pas une gauche administrative, donneuse de leçons, changeuse de monde. Non, une gauche humaniste qui essaie de ralentir les horloges, de partager mieux, mais sans croire que le politique doive embrigader l'économie et la société. Une gauche démocrate, sensible à l'art de vivre, qui cherche à allier la politique et l'économie pour plus d'égalité dans un modèle de développement plus écologique. Les jeunes apparaissent comme « des individus solidaires attachés au triptyque « égalité, respect, solidarité ». Ils sont portés par une culture de plus en plus à côté de celle des adultes, individuée par les technologies, véritable « culture de la chambre ». Vis-à-vis de la politique, « leurs engagements sont aussi divers que les jeunes eux-mêmes. Pluriels et multiformes, ils s'inscrivent dans le kaléidoscope de leurs univers sociaux et culturels, "l'être-ensemble" prime sur "le faire-ensemble"… Ils expriment un nouveau rapport à l'agir politique plus intermittent, direct et protestataire. » Je tire ces analyses d'un remarquable travail sur la jeunesse du Comité économique et social de Bretagne. Les auteurs concluent : « Les jeunes veulent que ça bouge, mais sommes-nous prêts à les accueillir et à reconnaître leurs nouvelles formes d'engagements ? »

Des dates fétiches

1945, 1968, 1989, 2011 : tous les vingt ans, génération après génération, des vieux au pouvoir doivent être secoués pour qu'une jeunesse advienne au monde adulte et que la société évolue vers plus de liberté. Toujours, le but est le même. À chaque génération, dans des contextes différents, avec des épicentres changeants, une part de la jeunesse cristallise son entrée dans l'âge adulte par une grande flambée de révolte. Ce rite de passage entre enfance et âge adulte cherche le nouvel air du temps, le registre juste de valeur, le rappel de règles oubliées. À chaque fois, un des systèmes politiques le plus en contradiction avec ces attentes nouvelles, et le plus en fin de course, cède. Le fascisme en 1945, la guerre froide en 1968, le communisme en 1989, les dictatures post-coloniales en 2011. Mais ce lieu central du bouleversement politique, ce site où se concentrent le risque et le courage, n'est que le haut lieu, et le haut moment, d'une mue culturalo-sociale plus large. 1945 a fondé notre modèle social démocratique ; 1968 a accéléré la libération de l'individu (de la femme d'abord) et a ouvert à une nouvelle pensée des rapports homme/nature ; 1989 a vu se défaire l'Empire russe et, avec lui, le mythe révolutionnaire qu'il avait ossifié, ouvrant au triomphe de l'ultralibéralisme, lentement destructeur, mais aussi créateur d'un rééquilibrage du monde post-guerre froide.

La société est difficile à lire au présent, surtout pour un observateur lui-même inscrit dans la société. Déjà chacun voit que les régimes militaro-affairistes que nous avons légués à nos anciennes colonies sont bousculés. Dans chaque pays, à un rythme différent, avec des violences ouvertes ou cachées. La Tunisie n'est pas l'Égypte, le martyre de la Syrie est loin de la réforme feutrée du Maroc… Les eaux qui semblent dormir en Algérie sont loin des manifestations de Tel-Aviv ou de Madrid. Le mouvement des indignés agite l'Espagne, résonne en Grèce et en Italie, au Chili même. Il n'est pas possible de ne pas rapprocher, dans leur diversité, toutes ces manifestations, tous ces espoirs, ces désirs. Sans le savoir, une génération est en train de naître au monde. Son épicentre est le Bassin méditerranéen. Mais son désir de sens, de valeurs, de rencontres, d'amour, de liberté, d'humanité en somme, est universel. Et c'est cet universalisme qui fait écho partout dans le monde, en Chine ou en Inde comme en Amérique latine, mais aussi dans les maisons de retraite, les bureaux et les ateliers. Des moments flamboyants qui mettent en exergue « l'unité profonde de l'homme », comme dit mon vieux maître Edgar Morin. L'arrogance de la nouvelle richesse d'un monde, sans frontières pour les puissants mais obsédé par les papiers pour les humbles, a servi de déclencheur. La crise de 2007-2008, où l'accumulation privée de capitaux par les très riches bloquant la consommation des autres a déséquilibré l'économie du monde, accélère la radicalité du refus et de la révolte. Les aspirations qui, à chaque génération, ressurgissent, sont largement les mêmes. On rêve d'une société qui s'ouvre, s'humanise, se libère de vieilles contraintes ; une société qui fasse une place à ses jeunes avec leurs attentes, leurs cultures, leurs musiques, leurs projets. Cette bataille pour les places forme la jeunesse et la rend plus apte à entrer dans le monde des adultes, mais elle change aussi le monde. Parfois elle peut le révolutionner. Car de génération en génération les attentes évoluent, les urgences se décalent. Aujourd'hui, la jeunesse cherche davantage de commun dans un monde de réseaux et d'exposition d'une vie privée au demeurant assez traditionnelle. Mais l'indignation morale, pacifique, sans volonté explicite de prendre le pouvoir, a remplacé le verbe rouge. C'est dans les rangs de la Résistance que les jeunes trouvent leurs héros – implicitement contre les soixante-huitards. Le délicieux Stéphane Hessel triomphe avec une infinie modestie et son partenaire conceptuel, Edgar Morin, l'accompagne en parcourant comme jamais les plateaux de télévision.

Et la France ?

Bien sage, la France ? Pas tant que cela. Depuis l'automne 2010, 2,5 millions de Français, dont beaucoup de jeunes, ont acheté le livre de Stéphane Hessel, *Indignez-vous !* (Indigène), cent trente mille, *Engagez-vous !* (l'Aube). Beaucoup d'acheteurs « les prennent par dix, pour les offrir ». Dans un pays où les partis peinent à dépasser les cent mille adhérents, ces petits textes portent un souffle et une adhésion à une quête puissante. Ils sont plus drapeaux que livres. Un drapeau qui ne serait pas rouge mais moral, pacifique, proche de Gandhi et du programme radical, mais partagé, du Conseil national de la Résistance. Un drapeau au-delà de la violence, parfois nécessaire, du politique, car il porte autre chose. Autre chose que les slogans du style « Changer la vie ». Il porte un besoin d'espérance, de respect des uns et des autres, de régulation d'un marché des biens et des finances qui ne peut être le sens même de la vie. À nouveau *l'être* plaide contre *l'avoir*, la solidarité contre le chacun pour soi. On pense aux cathares, aux protestants, aux philosophes des Lumières, au penseur du socialisme Pierre Leroux, à Vercors ou à Marcuse. Différemment bien sûr, mais régulièrement, la révolte gronde contre l'imposition d'un état matériel de la vie. Chaque phase de développement ossifie les positions et impose une redistribution des cartes et une ouverture du jeu. Chaque fois aussi, avec des attentes nouvelles, des espérances renouvelées, adaptées à l'évolution du monde. Des refus aussi qui changent. Mais chacun ne vit qu'une seule époque, une seule aventure où il veut vivre pleinement sa vie, se protéger, créer, inventer, enfanter. À ne pas rater !

Aussi, ne pas penser « répétition » et « attendons que cela passe ». Chaque société est face à un défi, l'habitude prise du chômage, de la régulation sociale par l'exclusion de la jeunesse et de l'attente absurde que tout « redevienne comme avant ». Nous avons besoin d'une régulation plus commune et plus écologique dans l'aventure commune de faire terre ensemble. La lutte, pour devenir autres que *les adultes déjà là*, est lutte pour sortir d'un monde chaque fois vieux, et pour transformer les jeunes en adultes. La jeunesse ne veut pas casser la société. Il n'y a pas de leader révolutionnaire avec un programme. Ni ici ni ailleurs. Une génération se fonde au monde pour prendre la place des anciens des guerres de décolonisation et de 1968. Le passage de relais peut se faire plus ou moins bien. Et prendre plus ou moins de temps. Mais il se fera. Le comprendre peut réduire les violences, ici ou ailleurs, dans « les quartiers » ou dans les universités.

Attention, la jeunesse peut bouger aussi à droite, très à droite, et rapidement, si la gauche n'apprend pas à dire la beauté de ce monde si instable, si créatif, si souffrant, et si la droite ne sort pas d'une politique de comptable qui rabat le désir. La jeunesse demande une place, une appartenance collective, un respect et une direction pour chercher un horizon[1]. Il lui faut un minimum de rêve. Car au-delà de l'indignation, elle va devoir faire avancer la société. Et en désirer l'avenir.

Source partielle : *Les univers sociaux et culturels des jeunes en Bretagne*, CESER Bretagne, juin 2011.

---

1. Sondage CSA pour la JOC, mars 2011 ; échantillon de 6 028 jeunes de 15 à 30 ans.

Des jeunes de peu[1]

Polka Magazine, mars-avril 2013

Ah que la vie serait belle si les jeunes naissaient à 28 ans ! Directs, le CDI et le bébé – même pour une part des moins éduqués ou des moins intégrés. Mais ainsi ne va pas le monde. À 16 ans, ils peuvent quitter l'école, à 18 ans on en fait des citoyens, et après : ramez jeunesse ! L'immense foule des jeunes s'avance alors en désordre vers la vie adulte, à l'âge où on devrait vivre des années de découvertes, d'amours, d'apprentissages, de voyages. Et d'éloignement progressif du nid familial dans une société où la famille est devenue un système tribal ouvert.

Certes, ceci est la situation de la majorité de la jeunesse. Mais si les deux tiers des jeunes sont encore scolarisés à 24 ans, 23,8 % des non-scolarisés sont au chômage – les garçons plus que les filles. Et pensons aux 48,2 % de jeunes chômeurs à la Castellane, dans les quartiers nord

1. En hommage au livre de Pierre Sansot, *Les Gens de peu*, PUF, 1992.

de Marseille. Sans parler des 20 % d'étudiants qui travaillent, souvent trop, et plombent leurs études ; la moitié seulement de ces étudiants salariés ont un travail en rapport avec leurs études. Et tous ces jeunes enchaînent petits boulots, stages, CDD et missions d'intérim.

L'Observatoire des inégalités précise[1] : « L'âge de l'emploi stable se situe autour de 23 ans en moyenne, car le taux d'activité s'élève progressivement : de 16,7 % entre 15 et 19 ans, 60 % entre 20 et 24 ans, 92 % entre 24 et 29 ans. » La crise économique accentue encore cette situation car « la flexibilité repose en très grande part sur les plus jeunes ». Ils sont deux fois plus nombreux que les plus âgés à être intérimaires ou en CDD, 17 % en CDD. Logiquement, sur les 5 millions de jeunes qui ne vivent pas chez leurs parents, 17 % ont des revenus inférieurs au seuil de pauvreté (13 % pour l'ensemble de la population). Sans doute 20 % aujourd'hui. Une vie qui se ferme avant même d'être ouverte.

Le tableau, nous le connaissons tous. Le sociologue doit juste rappeler que l'exclusion

---

1. Louis Maurin, « L'emploi des jeunes », Observatoire des inégalités, 2009.

des jeunes n'est pas générale. Mais cela n'empêche rien. Ni le scandale des étudiants salariés qui sabordent leurs études pour survivre, ni les jeunes que la machine économique use en bordure du marché du travail. Faut-il croire à une guerre des générations, à l'incroyable égoïsme des anciens soixante-huitards, à la peur éternelle de la jeunesse, surtout celle issue des banlieues ?

Je pense que cette analyse est erronée. Sauf pour les jeunes issus des banlieues, mais les causes sont autres. C'est incontestablement faux pour les filles. Nombre d'écoles et de métiers leur étaient fermés dans les années 1960. Plus de 50 % des femmes ne sont salariées que depuis 1974, mais aujourd'hui le taux de réussite scolaire et celui de l'emploi des jeunes filles sont meilleurs que chez les garçons. Oui, 1968 a aidé, mais les filles des soixante-huitards. Les mères ont souvent été mères célibataires avec des vies difficiles et de faibles retraites.

Mais cette guerre des générations serait-elle vraie pour les garçons ? En tout cas pas au sein des familles qui n'ont jamais été aussi proches et solidaires. Merci 68. Mais au-delà, sur le marché du travail ? Comme l'écrit Claudine

Attias-Donfut[1], sociologue spécialiste du sujet, le débat a pris naissance aux États-Unis dans les années 1980, porté par les puissantes sociétés d'assurances qui voulaient dévaloriser la retraite professionnelle. Il y a donc d'abord une lutte idéologique, ultralibérale, visant à insécuriser les actifs sur leur futur. Importé en France, le débat est repris plus mollement car les Français demandent d'abord protection à l'État.

Certes, chaque génération a un destin différent. Les baby-boomers sont les premiers à ne pas avoir connu la guerre qui a touché, avec l'Algérie, les jeunes hommes nés avant 1945. Mais le nombre de bacheliers a doublé depuis 1968 et le service militaire, qui prenait une année entière, a disparu. Le pays est couvert de dettes. Les filles sont moins maltraitées. Le dossier n'est donc pas simple, mais parler en termes de générations paraît bien idéologique.

Ce qui est sûr, c'est que, dans la jeunesse actuelle, une part est en terrible désarroi. Il y a plusieurs problèmes qui se superposent. Les emplois sans formation ont quasiment disparu.

---

1. Claudine Attias-Donfut, François-Charles Wolff, *Le destin des enfants d'immigrés : un désenchaînement des générations*, Stock, 2009.

Jeunes paysans et jeunes ouvriers sont aujourd'hui diplômés. Que faire de ceux qui ont refusé l'école ou qui ont eu de mauvaises conditions d'études ? Et les emplois les plus simples – sécurité, propreté – sont souvent occupés par des immigrés car les Français n'en veulent pas. Ce qui est sûr aussi, c'est que les 76 % d'actifs ayant un emploi en CDI, tétanisés par trente ans de chômage de masse, bougent de moins en moins entre les entreprises. La durée des CDI s'est allongée de plus de deux ans sur la période – et les fonctionnaires comme les patrons sont loin d'être prêts au contrat de travail universel pour le public et le privé, incluant une période de rupture facile en début de carrière et une stabilité croissante avec l'âge. Alors les entrants buttent contre l'emploi stable comme les mouches en été sur la vitre. Cela vaut pour les jeunes comme pour les femmes ouvrières ou les immigrés.

Mais n'oublions pas deux facteurs plus culturels. D'abord le refus par certains jeunes du système scolaire. Surtout à l'âge du collège. Les *écoles de la deuxième chance* pour les former quand ils deviennent adultes apparaissent comme une ressource. Par ailleurs, la France a une politique immobilière catastrophique, qui favorise le foncier et la propriété, poussant à la hausse les prix des loyers. Or le premier problème de ces jeunes, c'est le logement autonome pour y étudier et y construire une vie sentimentale. N'oublions pas que le lit intègre autant que les études et le travail. Il y a là une dynamique pour devenir adulte. Sauf que l'ordre ancien études/travail/lit est aujourd'hui en plein désordre...

Il faut penser globalement la situation de cette jeunesse. La jeunesse qui après-guerre durait quelques années est devenue l'affaire d'une décennie. Dix ans, on peut dire de galères, on peut dire d'expérimentations, les dix ans justement qui se sont ajoutés à l'espérance de vie. Nos sociétés de plus en plus complexes et mobiles ont besoin d'acteurs beaucoup mieux formés et aptes à l'adaptation. Dans la vie professionnelle comme dans la vie privée. Nous formons nos élites sur un modèle d'études longues suivies de divers emplois relativement courts pour parachever la formation. Ces petits boulots apprennent l'entreprise, et la diversité des aventures amoureuses est devenue la règle.

Cette structure de l'initiation longue et discontinue se retrouve dans la jeunesse populaire. Mais là, subie, violemment subie, et non voulue.

On enchaîne les CDD, on galère pour trouver un logement, pour former un couple. Nous devons avoir une pensée « jeunes adultes », de 16 à 26 ans. Avec des politiques de décohabitation familiale, des aides au logement pour tous, un droit universel aux études bac + 4 (y compris par la reprise des études), une initiation précoce au travail salarié en parallèle des études (par exemple, sans charges jusqu'à 3 000 euros par an, comme en Belgique). Autrement dit, un projet dédié aux jeunes adultes. Pour l'instant, on s'en sert comme amortisseurs du chômage. Mauvaise pioche.

L'adieu au socialisme

La Croix, 18 septembre 2007

En 1974, Alfred Sauvy écrivait : « Si le capitalisme subsiste encore, c'est parce qu'il ne lui a pas été trouvé jusqu'ici de remplaçant bien convaincant. » Il ajoutait : « En poussant à peine, on dira que par leur absence de réalisme et d'esprit de création, les socialismes ont été les principaux auxiliaires du vieux capitalisme. »

Trente ans plus tard, l'implacable constat est plus valable que jamais : le « socialisme réel » de l'Europe de l'Est s'est effondré, le capitalisme le plus débridé libère l'immense énergie chinoise, le tiers monde a disparu. Jamais la création de savoir et de richesse en société capitaliste n'a été aussi forte, jamais les hommes n'ont vécu « en moyenne » aussi bien et aussi longtemps. Mais jamais non plus, les écarts de richesse entre les plus riches et les plus pauvres n'ont été aussi gigantesques et jamais l'horizon de l'humanité n'a été aussi peu clair. Aussi le temps est-il venu de dire avec vigueur que l'opposition capitalisme/socialisme était une erreur de perspective et que l'économie de marché est l'économie même. Le socialisme – si le mot doit subsister sur un mode mineur – est le fait d'avoir une pensée de la société où le social soit mis au centre, en contrepoids de la course naturellement inégalitaire aux profits : contrepoids, et non adversaire. Pierre Leroux triomphe ici de Karl Marx ! Ce repositionnement seul peut permettre de libérer l'énergie créatrice de ceux qui ne se résolvent pas à constater passivement les écarts de richesse – et de chances – entre les hommes et les pays, ni à laisser faire une logique du profit qui menace au cœur même un développement durable s'il n'est pas contrebalancé par le droit et le politique.

Il faut aussi admettre que ceux qui se sont fourvoyés sur le chemin révolutionnaire après 1917 ont permis de « démontrer dans la douleur » l'ineptie du socialisme réel. Mais on ne peut les chasser « de la famille » et c'est pourquoi la fin du communisme repose au parti socialiste la question de son héritage, question qu'il ne peut éternellement considérer comme sans objet. À l'Est bien sûr. Mais aussi en France où, de l'histoire de l'alliance entre intellectuels et mouvement ouvrier, le parti communiste a su garder longtemps le fil rouge central – pensons à Aragon, Picasso, Ferrat et tant d'autres et aux banlieues rouges. Alors même que le parti socialiste croissait grâce aux enfants solarisés de Jules Ferry rassemblés par des valeurs de démocratisation, de compétence et de gestion. Mais jamais de grands artistes, de grands intellectuels n'ont été qualifiés de « compagnons de route » du parti socialiste ! Celui-ci est un parti de cadres gestionnaires et d'élus. Ces élus très diplômés écrivent beaucoup de livres, mais ils en lisent souvent fort peu. Ainsi la fin du parti communiste a laissé en jachère le milieu intellectuel, comme le monde ouvrier, et ce double délaissement n'est pas une des moindres causes de la progression de l'extrême droite dans les milieux populaires, ni d'un certain prurit gauchiste récurrent dans les milieux universitaires et enseignants.

Maintenant, enfin isolé de son frère cadet communiste, le parti socialiste doit repenser sa propre existence. Il doit renaître comme « parti de toute la gauche » qui rassemble l'ensemble des forces qui sont la gauche – dont les créateurs, les intellectuels et les ouvriers à associer aux enfants de Jules Ferry – pour faire un congrès de Tours à l'envers en y intégrant les forces nées depuis : féminisme, écologisme, ONG… Renouer avec l'histoire de 1848, 1936, 1945, 1968 ou 1981, c'est renouer avec une histoire du désir de vivre et de mouvement, une soif de fraternité et de diversité à ne pas confondre avec les révolutions sanglantes qui ont marqué l'histoire – et dont nous continuons à subir la violence de la dernière en date, celle de Khomeini.

Le chemin de la gauche pour avancer dans ces voies ne sera pas nécessairement long. Nos mentalités collectives ont fortement évolué depuis trente ans et la gauche a de solides points d'appuis : la France urbaine et de l'Ouest, un puissant réseau d'élus locaux, une sympathie chez les intellectuels, les artistes, dans la jeunesse, chez les immigrés, une mémoire, des partenaires en Europe et dans le monde… Mais la gauche française a besoin d'un grand parti. Un parti qui garde la compétence socialiste mais qui la lie avec la créativité du monde scientifique et intellectuel et avec la vigueur des cultures populaires. Un parti qui dépasse l'horizon gestionnaire, bâti sur la vieille maison socialiste pour réenchanter la politique quarante ans après 1968.

La France que je vois, monsieur le Président

Polka Magazine, juin 2012

Il y a en France, monsieur le Président, de grandes angoisses, de fortes colères, de vraies souffrances et beaucoup de bonheur. La campagne électorale a surtout mis en avant les peurs identitaires des uns et les craintes économiques et sociales des autres. C'était parfois d'ailleurs les mêmes. Une étrange campagne en vérité, tout en zapping, qui a masqué le bonheur profond du plus grand nombre (affirmé par plus de 72 % d'entre nous), la joie de vivre, l'optimisme pour eux-mêmes (57 % d'optimistes). La France, monsieur le Président, est un pays du bonheur privé et du malheur public. Malheur de la souffrance d'un quart de la population, des plus pauvres, des femmes seules avec enfants, des vieux solitaires et des jeunes des « quartiers », des chômeurs dans des régions que le travail a quittées… La santé et l'école sont nos deux grandes préoccupations, mais nous souffrons aussi de nous sentir un peuple sans destin et sans horizon. Seuls 37 % d'entre nous sont optimistes pour la France[1]. Notre grande crainte est que la France ne soit plus respectée dans le monde et que nous ne puissions plus en être fiers.

Nous sommes une nation profondément politique. Nous nous réjouissons de la philosophie des Lumières, de la Révolution de 1789, de la laïcité, de notre langue française. Mais nous ne savons plus quel est notre apport – et notre destin – dans l'Europe, la Méditerranée et la mondialisation. Nous ne pouvons continuer à cheminer français dans le monde sans que vous nous fixiez des

1. CSA, *Baromètre du moral des Français*, décembre 2012.

objectifs mobilisateurs. Sinon, faute de sens, nous allons nous opposer les uns aux autres – les actifs aux chômeurs, les jeunes aux vieux, les Français « de souche » et les Français immigrants, les riches aux catégories populaires… Nous voulons être « le pays des droits de l'homme », et au fond nous aimons même un peu la prétention de cette revendication. Mais cela nécessite des mots et des actes. Et c'est incompatible avec l'arrestation de sans-papiers aux portes des écoles ou la destruction de caravanes de malheureux Roms, avec les jouets de leurs enfants. Le respect de chacun doit être la base de ce qui nous lie, même quand on fait, à juste titre, respecter l'État de droit. Mais la force impose la courtoisie. Le tutoiement par la police doit devenir un motif de licenciement. Car respecter la France commence par respecter chaque Français.

Renouer le récit français

Mais penser français, et chercher en nous les ressorts de l'avenir plutôt que dans l'imitation d'un voisin, ne doit pas faire oublier que nous sommes entrés dans le temps de l'humanité réunifiée sur une seule petite terre connue et occupée. Et dans ce monde immense et nouveau, beau de ses diversités et de ses passions, *notre* Europe, comme l'écrivait Péguy, a trop été oubliée, méprisée et chargée de tous les maux durant cette campagne. Commencez votre quinquennat par un tour d'Europe et ouvrez-le à Berlin. Chacun a critiqué l'Europe pour gagner des électeurs : il vous revient de panser ces plaies ouvertes, de calmer ces passions mortelles et de reprendre le lent tissage d'un espace politique protecteur et innovant. Le travail est immense, mais le chemin déjà parcouru, gigantesque. Et vous allez devoir commémorer le centenaire de la déclaration de la guerre de 14-18. Sachez être à la hauteur de Malraux accueillant les restes de Jean Moulin au Panthéon !

La fragmentation culturelle et sociale est, monsieur le Président, notre grand danger. Des forces extrémistes nationalistes secouent l'identité de notre pays et de nombre de pays d'Europe. Des forces extrémistes religieuses travaillent les communautés des croyants, surtout chez les musulmans ; partout dans le monde, et en France aussi. De jeunes hommes en mal de rêves et d'avenir glissent vers des adhésions dangereuses. Or il ne suffit pas de faire un travail de police et de les appréhender un à un. De récents événements tragiques nous ont encore rappelé que toujours l'un ou l'autre passe au travers des mailles des filets. Il faut, au-delà, monsieur le Président, rassembler les deux rives de la Méditerranée dans un récit et un projet communs. Il est inconcevable que la part du monde nourrie de philosophie grecque et de la culture humaniste des monothéismes ne fasse pas jeu commun dans la mondialisation. Nous avons les mêmes fondements et la même histoire. Saint Augustin l'Algérien doit se retourner dans sa tombe devant ces haines. Et pour ce qui nous concerne, pour la France et sa beauté, j'aimerais que vous alliez, en juillet 2012, à Alger dénoncer la faute politique que fut la colonisation de l'Algérie après 1830. Cette décision fut aussi grave pour l'avenir en Méditerranée, mais aussi dans nos banlieues, que le refus israélien d'un État palestinien ou le refus européen de la Turquie. Sachez dénoncer cette faute politique dont tout découle. Il ne s'agit pas de s'excuser mais de dénoncer une décision folle prise pour compenser nos pertes d'alors en Europe. Savoir dire cela permettrait de renouer le récit national français avec les enfants de l'Algérie car, si divers soient-ils, ils sont tous les victimes de cette décision funeste. Pieds-noirs, harkis ou Franco-Algériens doivent ainsi trouver leur place légitime dans l'Histoire de France et de la Méditerranée, chacun avec ses souvenirs et ses croyances.

Faire de l'apurement des dettes la base d'un développement durable

Votre quinquennat va être marqué par l'austérité, le redressement des comptes publics, la fin de la logique de l'endettement. Vous êtes face à un défi aussi grave que celui qui, il y a trente ans, nous permit de sortir de l'inflation constante. Je crois que nous y sommes prêts, avec une certaine inquiétude. Mais il y faut de la justice, de la transparence, de la vérité. L'apurement de la culture de la dette doit être vu comme le premier pas d'un développement durable qui ne rejette pas sur les enfants l'apurement de ses actes. Il doit être le premier pas d'une nouvelle croissance où l'État se refait stratège, où il choisit et impulse les filières sur lesquelles nous allons nous concentrer. Il ne s'agit pas de renouer avec un colbertisme contradictoire avec l'économie mondialisée. Il s'agit de soutenir la formation, la recherche, l'innovation là où nous avons des avantages comparatifs et des firmes novatrices. Et n'oubliez pas que nous sommes le pays le plus visité au monde – et que cela valorise nos produits et attire des retraités –, le seul pays au monde à accueillir plus de visiteurs qu'il n'a d'habitants.

Mais cette évolution nécessaire, comme la réduction de certaines dépenses, ne seront acceptées dans un pays traversé, comme cette élection l'a montré, par de grandes colères, que si le cap est clair et la justice de la charge évidente. Une réforme fiscale s'impose, on l'a assez dit, mais peu fait. Et n'oubliez jamais que la santé et l'éducation sont les deux premiers sujets de préoccupation, bien qu'ils aient été plutôt absents des débats. Il vous faut là des messages clairs sur l'école, publique et gratuite de qualité, et sur une santé et une protection sociale réaffirmées. Cette immense économie des soins des corps que le XXe siècle a inventée et qui emploie 40 % d'entre nous est notre bien le plus précieux. C'est grâce à elle que la vie s'est allongée de vingt-cinq ans au XXe siècle et que nous gagnons encore trois heures de vie par jour. C'est grâce à elle aussi que nous allons être neuf milliards d'humains à vivre ensemble. Nous voulons transmettre ce trésor à nos enfants et petits-enfants. C'est en outre là qu'est le grand réservoir d'emplois dont notre société a besoin.

La production est de plus en plus automatisée : trois cent vingt mille fermes nous nourrissent là où il en fallait trois millions après-guerre ; les ouvriers postés sont en diminution continue. L'acte productif a donc changé : le geste sur la matière est plus rare, mais le geste pour former et soigner le corps qui produit, pour penser l'objet et le rendre agréable à utiliser, pour créer un imaginaire vivant du monde, tous ces gestes ne demandent qu'à croître. Y compris en socialisant beaucoup plus les soins aux jeunes enfants et aux personnes âgées, comme en relançant vigoureusement la vitalité créatrice et culturelle de notre société car le monde qui arrive consommera de plus en plus de signes et de sens et de moins en moins d'objets. La toile qui nous lie permet un accès quasi illimité et presque gratuit aux biens culturels, mais elle ne génère ni la création ni l'acculturation. Il va donc falloir nous y préparer et en démocratiser le désir et l'accès.

Un besoin de printemps

Nous avons su, monsieur le Président, inventer au XXe siècle un modèle de régulation entre le travail et le capital. Il y a de légitimes débats sur la position du curseur, mais le principe est acquis. L'enjeu est dorénavant le renouvellement continu de cette invention, et sa généralisation chez nous et sur la planète. Mais de vivre tous avec la mondialisation sous la pression quotidienne de chacun impose de réinterroger nos grandes appartenances collectives. L'humanité domine aujourd'hui les nations. Elles en sont transformées. L'Europe domine les patries et nous ne savons pas le penser. Il y a du danger dans ces non-pensés et non-dits sur des sujets aussi sensibles. Comme il y a du danger à devenir si nombreux sur une seule petite terre. L'humanité fait chauffer la nature, et la course engagée peut être mortelle. Votre mandat est bien court pour un tel enjeu, mais il faudra savoir agir. Le Grenelle de l'environnement fut un grand moment : il faut y revenir et appliquer ce qui bien souvent ne fut que des mots.

Il y aurait bien sûr nombre d'autres sujets à évoquer. Mais je n'ai pas la prétention de les traiter tous. Néanmoins, laissez-moi finir sur deux pistes essentielles. D'abord nous sommes dans une société où les liens privés, tribalo-familiaux, ont pris une place essentielle. Nous sommes dans « une civilisation à quatre générations coexistantes ». Or nous pensons mal ces vies longues ;

le voisinage des générations n'est pas un objectif de l'action publique, la solitude n'est pas une cause nationale, la retraite n'est pas pensée positivement, la migration des retraites populaires vers les régions de vacances n'est pas soutenue. Il faut entrer dans cette société des modes de vie où l'attention portée à chacun peut nous aider tous à vivre mieux. En outre, cette société est une société de mobilité – nous parcourons 45 kilomètres par jour, 61 % des électeurs ne travaillent pas dans la commune où ils votent, 53 % des bébés naissent hors mariage… Dans une telle société, les moyennes que vous fournissent vos services ont peu de sens. Nous vivons en tribus, grappes, réseaux et sous-groupes. Il faut aider le 1,5 million de femmes seules avec enfants qui occupent souvent 30 % des logements dans « les quartiers ». Il faut soutenir la découverte du voyage par les jeunes de ces mêmes banlieues, ceux que l'on surnomme « pieds d'immeuble ». Il faut reprendre dans le parc public les pavillons de gens qui doivent quitter leurs régions pour chercher du travail ailleurs… Autrement dit, il faut repenser les protections légitimes d'une société mobile et discontinue. C'est aussi pour cela que c'est à l'État de payer les pensions alimentaires des mamans et de les récupérer sur les impôts des ex-conjoints. L'État doit protéger les passages, les mères et les enfants.

La France, Monsieur, n'est pas vraiment entrée dans le XXIe siècle. Elle en a plus de peur que de désir. 60 % des Français pensent que l'on vivait mieux hier : nous sommes le peuple le plus pessimiste au monde. Juste après les Afghans. Convenez qu'il y a là quelque chose d'insolite, une peur qui nous paralyse. Mais dites-vous aussi que la puissance créatrice retenue là est considérable. Là est la force que vous pouvez libérer, si seulement vous trouvez les moyens de nous redonner confiance et de nous désigner un horizon et un chemin. Un printemps français est possible. Ce pourrait être votre œuvre.

Table des matières

Collection *Monde en cours*

Isabelle Albert, *Le trader et l'intellectuel. La fin d'une exception française*

François Ascher, *Les nouveaux principes de l'urbanisme*, suivi de *Lexique de la ville plurielle*

François Ascher, *L'âge des métapoles*

Laurent Bazin, Pierre-Henri Tavoillot, *Tous paranos ? Pourquoi nous aimons tant les complots…*

Guy Bedos, Albert Jacquard, *La rue éclabousse*

Guy Bedos, Gilles Vanderpooten, *J'ai fait un rêve*

Gilles Berhault, *Développement durable 2.0. L'internet peut-il sauver la planète ?*

Philippe J. Bernard, Thierry Gaudin, Susan George, Stéphane Hessel, André Orléan, *Pour une société meilleure !*

Alain Badiou, *D'un désastre obscur. Droit, État, politique*

Lucien Bianco, *La révolution fourvoyée. Parcours dans la Chine du XXe siècle*

Régis Bigot, *Fins de mois difficiles pour les classes moyennes*

Alain Bourdin, *L'urbanisme d'après crise*

Pierre Carli, Hervé Le Bras, *Crise des liens, crise des lieux*

CARSED, *Le retour de la race*

Bernard Chevassus-au-Louis, *La biodiversité, c'est maintenant*

Pierre Clastres, *Archéologie de la violence. La guerre dans les sociétés primitives*

Daniel Cohn-Bendit, *Forget 68*

Pierre Conesa, *Guide du paradis. Publicité comparée des Au-delà*
Boris Cyrulnik, *La petite sirène de Copenhague*
Boris Cyrulnik, Edgar Morin, *Dialogue sur la nature humaine*
Antoine Delestre, Clara Lévy, *Penser les totalitarismes*
Rachel Delcourt, *Shanghai l'ambitieuse*
François Desnoyers, Élise Moreau, *Tout beau, tout bio ?*
Toumi Djaïdja, Adil Jazouli, *La Marche pour l'Égalité*
Thomas Flichy de La Neuville, *L'Iran au-delà de l'islamisme*
Tarik Ghezali, *Un rêve algérien*
Jean-François Gleizes (dir.), *La fin des paysans n'est pas pour demain*
Jean-François Gleizes (dir.), *Comment nourrir le monde ?*
Jean-François Gleizes (dir.), *Le bonheur est dans les blés*
Hervé Glevarec, *La culture à l'ère de la diversité. Essai critique, trente ans après* La Distinction
Michel Griffon, *Pour des agricultures écologiquement intensives*
Luc Gwiazdzinski, Gilles Rabin, *Urbi et Orbi. Paris appartient à la ville et au monde*
Félix Guattari, *Lignes de fuite. Pour un autre monde de possibles*
Claude Hagège, *Parler, c'est tricoter*
Bertrand Hervieu, Jean Viard, *L'archipel paysan*
Françoise Héritier, *L'identique et le différent*
Stéphane Hessel, Gilles Vanderpooten, *Engagez-vous !*
Stéphane Hessel, avec Edgar Morin et Nicolas Truong, *Ma philosophie*
Jérôme Heurtaux, Cédric Pellen, *1989 à l'est de l'Europe*
François Hollande, Edgar Morin, *Dialogue sur la politique, la gauche et la crise*
Vianney Huguenot, *Jack Lang, dernière campagne. Éloge de la politique joyeuse*
François Jost, Denis Muzet, *Le téléprésident. Essai sur un pouvoir médiatique*
Marietta Karamanli, *La Grèce, victime ou responsable ?*

Dina Khapaeva, *Portrait critique de la Russie*
Hervé Le Bras, *L'invention de l'immigré*
Franck Lirzin, *Marseille. Itinéraire d'une rebelle*
Dominique Méda, *Travail : la révolution nécessaire*
Philippe Meirieu, Pierre Frackowiak, *L'éducation peut-elle être encore au cœur d'un projet de société ?*
Éric Meyer, *Cent drôles d'oiseaux de la forêt chinoise*
Éric Meyer, Laurent Zylberman, *Tibet, dernier cri*
Danielle Mitterrand, Gilles Vanderpooten, *Ce que je n'accepte pas*
Janine Mossuz-Lavau, *Pour qui nous prend-on ?*
Liane Mozère, *Fleuves et rivières couleront toujours. Les nouvelles urbanités chinoises*
Pierre Musso, *Sarkoberlusconisme : la crise finale ?*
Manuel Musallam (avec Jean-Claude Petit), *Curé à Gaza*
Denis Muzet (dir.), *La France des illusions perdues*
Ngo Minh Thi Hoang, *Doit-on avoir peur de la Chine ?*
Pascal Noblet, *Pourquoi les SDF restent dans la rue*
Yves Paccalet, Gilles Vanderpooten, *Partageons ! L'utopie ou la guerre*
Jéromine Pasteur, Gilles Vanderpooten, *La vie est un chemin qui a du cœur*
Jérôme Pellissier, *Le temps ne fait rien à l'affaire…*
Edgard Pisani, *Mes mots. Pistes à réflexion*
Pun Ngai, *Made in China. Vivre avec les ouvrières chinoises*
Pierre Rabhi, *La part du colibri*
Dominique de Rambures, *Chine : le grand écart*
Hubert Ripoll, *Mémoire de là-bas. Une psychanalyse de l'exil*
Laurence Roulleau-Berger, *Désoccidentaliser la sociologie*
Youssef Seddik, *Le grand malentendu. L'Occident face au Coran*
Youssef Seddik, Gilles Vanderpooten, *Unissons-nous !*
Youssef Seddik, *Nous n'avons jamais lu le Coran*
Mariette Sineau, *La force du nombre*
Philippe Starck, Gilles Vanderpooten, *Impression d'Ailleurs*

Benjamin Stora (avec Thierry Leclère), *La guerre des mémoires*
Benjamin Stora, *Algérie 1954*
Didier Tabuteau, *Dis, c'était quoi la Sécu ?*
Nicolas Truong, *Résistances intellectuelles*
Gilles Vanderpooten, Christiane Hessel, *Stéphane Hessel, irrésistible optimiste*
Christian Vélot, *OGM : un choix de société*
Pierre Veltz, *Paris, France, monde*
Jean Viard, *Nouveau portrait de la France*
Jean Viard, *Fragments d'identité française*
Jean Viard, *Lettre aux paysans et aux autres sur un monde durable*
Jean Viard, *Penser la nature. Le tiers-espace entre ville et campagne*
Jean Viard, *Éloge de la mobilité*
Patrick Viveret, *Reconsidérer la richesse*
Julien Wagner, *La République aveugle*
Patrick Weil, *Être français. Les quatre piliers de la nationalité*
Mathieu Zagrodzki, *Que fait la police ? Le rôle du policier dans la société*

Achevé d'imprimer en octobre 2013
par l'imprimerie Jouve, 53100 Mayenne
pour le compte des éditions de l'Aube
Rue Amédée-Giniès, F-84240 La Tour d'Aigues

Numéro d'édition : 877
Dépôt légal : novembre 2013
N° d'impression : 2123534A

Imprimé en France